財務書類の

見方・作り方がわかる!

地方公会計ワークブック

宮澤 正泰

MIYAZAWA MASAYASU

学陽書房

はじめに

平成27年から段階的に、従来の「官庁会計」に加わる形で「新地方公会計」制度が導入されて以降、ほぼ全ての自治体で財務書類は統一的な基準による複式簿記形式に一新されてきました。とはいえこの財務書類はシステムで管理しているし、ミスをしたところでその後どういう問題が起きるかわかっていない、わからなくても多分大丈夫だろう、という方も多いのではないでしょうか。

しかし、**新地方公会計制度の知識がないと、以下のような大きな問題に発展してしまう可能性**があります。

失敗例1．仕訳を誤った結果、訴訟を起こされた

地元住民から小学校建設に伴う土地の寄附にあたり、寄附を受ける決裁や、寄附者に対してのお礼状などの処理をしました。担当者は発生主義会計での公会計仕訳をしませんでした。すると誤った情報の財務書類（固定資産台帳）が公表され、これを見た寄附者が寄附の取消を求めて訴訟を見据えたクレームに発展してしまいました。

失敗例2．仕訳を誤った結果、財源がなくなってしまった

公営住宅の家賃と敷金を、使用料収入として会計処理をしました。敷金は、退去時に返却するものなのに、それを預り金として処理しなかったのです。すると、使用料収入が過大に計上されてしまい、収入とすべきでない敷金が財源として使われ、返却時に財源（預り金）がなくなってしまいました。

読者の所属する部署に置き換えて考えても、ヒヤッとするケースがあることでしょう。**新地方公会計制度の知識がある状態で日々の業務をするのとしないのとでは、リスク管理に雲泥の差**があります。したがって、財政・会計担当はもちろん、処理された伝票や財務書類を決裁し責任を取る管理職の方々にとっても、必須なのです。

官庁会計は単式簿記で仕訳される現金主義、新地方公会計は複式簿記で仕訳される発生主義という考え方に基づいています。とはいえ、なじみのない方にとっては具体的にイメージしづらいでしょう。まずは身近な例で、新地方公会計制度の考え方である「発生主義会計」がどのようなものか説明します。

例えば縁日で、500円の「たこ焼き」を購入した場合と、500円の「亀」を購入した場合を想像して下さい。

「たこ焼き」は、その場で食べて「おいしかった」とか「まずかった」などと、支出をした500円に対する評価がすぐにできる買い物です。このような事例であれば、現金の出入りを記録するだけで十分ですよね。これは「現金主義会計」の考え方です。

では、500円で購入した「亀」はどうでしょうか？　まずは500円で購入できて「よかった」という満足感はありますが、本当の評価は購入時にはできません。なぜなら、「亀」はこれから先も世話をすることになるからです。ケージ代金やエサ代などのお金や、世話をする手間がかかります。このように、購入した時だけではなく、**将来に影響するものを「資産」ととらえます。ここでいえば、「亀」が生きている間、管理していくことも含めて考えるのが、「発生主義会計」**です。

ここで「亀」を、自治体の「施設」と置き換えてみましょう。例えば、10億円の施設を建築した場合、現金主義会計では初年度に10億円の支出が計上されます。現金主義会計は、現金の支出のみに注目するからです。しかし施設は改築したり、補修したりと管理が必要になります。現金主義会計では、帳簿上でこういった事情を踏まえた管理をすることができません。

これを発生主義会計にもとづく帳簿管理にするとします。例えば施設の耐用年数が50年間とすれば、この10億円の支出を50年間で毎年等分に負担すると考え、１年間あたり２千万円を費用として仕訳します。これは同時に、建築初年度は10億円の価値があったその施設は、毎年２千万円分資産の価値が下がっていくと仕訳します。このような処理を毎年行って管理をすることで、施設を**適切にマネジメントできるようになる**のです。

ここまでで、なぜ新地方公会計制度が導入されたのか、そしてその知識を付けなければならない理由も、よくわかったと思います。

実際こうした必要性から、総務省も「統一的な基準による地方公会計マニュアル」(令和元年に改訂)というものを出しました。全国の自治体に、このマニュアルに基づいて財務書類の作成を求めたのです。しかしこのマニュアルは膨大で、複式簿記の知識がない職員にとっては理解が難しいものでした。

そこで、必要な知識を厳選し、マニュアル内容を理解してもらえるように、本書を作成しました。一人でも多くの自治体職員が正しい会計知識を持てば、大きなミスを防ぐことができます。

そのため、本書では、演習形式で読者が財務書類の知識・作成技術をワークブック方式とし、達成感を得ながら基礎実務を学べる内容としました。

第１章では「ざっくり理解しよう！　地方公会計のルール」として、複式簿記・発生主義の基本的ルールや地方公会計の独特なルールをまとめました。第２章「ワークでわかる！　財務書類のチェックポイント」、第３章「これがわかればミスを防げる！　財務書類作成ワーク」では、問題を解きながら実際財務書類を作る・確認するポイントを学べるようにしました。第４章「健全・効果的に財政に活かす！　財務書類分析指標」では、特に管理職の方々に向けて、様々な判断のために、財務書類をより的確に活用をしてもらうための技術を詰め込みました。

本書が、多くの皆様に活用され、財務書類に関わる失敗を防ぎ、自治体の健全な財政運営の助けになれば幸いです。

2022年７月吉日
宮澤正泰

contents

1章 ざっくり理解しよう！ 地方公会計のルール

2章 ワークでわかる！財務書類のチェックポイント

3章 これがわかればミスを防げる！ 財務書類作成ワーク

4章　健全・効果的に財政に活かす！ 財務書類分析指標

1章

ざっくり理解しよう！

地方公会計のルール

地方公会計を導入した財務書類を作成することで住民等の説明責任の履行や財政の効率化・適正化の効果が期待されています。そのためには財務書類の仕組みを読み解く力が必要となります。この章では簿記の知識がない方でもわかるように地方公会計のルールを体系的に解説しています。

地方公会計を理解するには、現行の官庁会計と企業会計の複式簿記、そして地方公会計の独特のルールを理解する必要があります。

1-1 自治体の会計ルール

自治体の会計ルールは「官庁会計」＋「地方公会計」！

これまで自治体では、「官庁会計」という、現金の出入りだけをシンプルに計算する会計方法を採っていました。しかし、厳しい財政状況の中でより精度を高めてやりくりするために、**官庁会計を補足する形で「地方公会計」という会計方法も加える**ことにしました。

官庁会計（国や自治体のお金の管理方法）の特徴

特徴①現金主義会計…「実際に出入りしたお金だけを考える」考え方

官庁会計は、**住民の支払った税金などのお金をどう使うか（予算）、その実際の使い道（決算）と合わせ、議会での報告義務**があります。予算で決められた入出金の内容を議会がチェックするのです。そこで、純粋にいくら収入と支出があったかという、シンプルな「現金」主義会計でお金を管理しています。こうしたシンプルな会計の考え方は、利益を追求しない「公」の会計だからこそ採れる考え方です。

利点 現金の収支という客観的な情報のため、シンプルでわかりやすく、クリーンな公金管理ができる。

欠点 今この場で現金支出のないコスト（減価償却費〈財産が、使用するにつれ価値を減らしていくことを念頭に、新しいものに買い換える場合の費用〉、退職手当引当金〈将来の退職金を負債として計算した費用〉等）の把握ができない。

特徴②単式簿記…「結果」1面のみを記録する方法

お金のやりとりを「現金」の収入・支出に限定して行う簿記の手法です。シンプルなのでわかりやすい一方、「なぜ100万円引き出したのか？」「どこからこの車の購入費を割り当てたのか？」などの資産や負債の情報が記録からは読み取りづらくなっています。

特徴③民間企業会計との違い

	官庁会計	企業会計
作成目的	住民の福祉の増進	利益の追求
報告先	住民（提出先は議会）	株主（提出先は株主総会）
説明責任	事前統制（予算）の重視	事後統制（決算）の重視
会計処理	単式簿記・現金主義会計	複式簿記・発生主義会計

地方公会計（官庁会計にコストの概念を加える会計方法）の特徴

特徴①発生主義会計…「取引の事実があればお金の出入りに関係なく考える」考え方

自治体は、厳しい財政状況の中で、住民や議会に対し、財政情報のわかりやすい開示が求められています。また、財政運営や政策形成を行ううえで、**現金で計算できないコストや、利益を踏まえて計算した無駄のないやりくり**も期待されています。こうした目的のため、官庁会計を補足する形で、「地方公会計」の制度が作られました。

利点　現金支出を伴わないコスト（減価償却費等）の把握ができる。

欠点　主観的な見積による会計処理が含まれるため、決算の数字が違う場合がある。

特徴②複式簿記…「原因」と「結果」の2面を記録する方法

お金のやりとりを「借方」（＝左側）と「貸方」（＝右側）という「原因」と「結果」の２つの要素に分けて、二面的に行う複式簿記の手法で計算しています。これは、資産や負債の情報の把握とともに、借方と貸方の金額が一致する性質から、記帳誤りを見つけることができる検証機能を持つ意義があります。次の項では、具体的な地方公会計（複式簿記）の計算方法を説明します。

1-2 複式簿記の基本❶ 企業会計の考え方

貸借対照表と損益計算書のひな型（勘定式）を覚えよう

貸借対照表（BS）

（借方）	（貸方）
資産	負債
	純資産

損益計算書（PL）

（借方）	（貸方）
費用	収益

複式簿記とは、取引を「仕訳」という形で書き留めて、最終的に「貸借対照表」と「損益計算書」にするものです。上記のひな型と、下記の基本の用語を覚えることからスタートして下さい。

仕訳	取引を2つの面から記録すること
資産	現金、建物、土地、車、貸付金など
負債	借入金、未払金など
純資産	資本金など、資産から負債を引いたもの
費用	仕入（売上原価）、給料、光熱水費、支払利息、消耗品費など
収益	売上、受取利息、受取家賃など

取引のパターンリスト

仕訳において、あらゆるお金や資産のやりとりは、上記の「借方」と「貸方」から選んで行うことになります。例えば借方が車という「資産の増加」だとすると、貸方は現金で支払ったなら「資産の減少」、借金で買ったなら「負債の増加」、もらった車なら「収益の発生」になります。このとき、**借方と貸方の金額は同じになる点に注意**しましょう。

［取引の8要素］

借方	貸方
資産の増加	資産の減少
負債の減少	負債の増加
純資産の減少	純資産の増加
費用の発生（増加）	収益の発生（取消）

「原因」と「結果」を記す二面的な記録

例）自動車を100万円で購入した。

単式簿記の場合

現金 100 万円という
資産のマイナス

100 万円の支出のみ把握

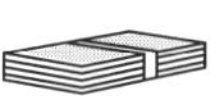

複式簿記の場合

自動車という資産のプラス
と
現金 100 万円という
資産のマイナス

100 万円の自動車のプラス

原因

と

現金 100 万円のマイナス

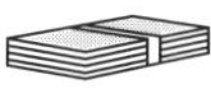

結果

と

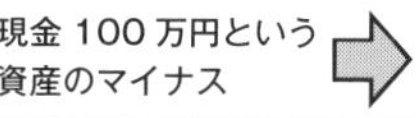

「資産」は借方のグループなので、プラスになるときは借方に記入し、マイナスになるときは貸方に記入します。

借方	（自動車）	100万円	貸方	（現金）	100万円

この仕訳をみただけで、自動車を100万円で購入して、現金を100万円支払った取引がわかります。もし、間違えて逆に仕訳したらどうなるでしょうか？

借方	（現金）	100万円	貸方	（自動車）	100万円

これでは自動車を売って、現金100万円もらったということになってしまいます。仕訳は取引を正確に記録するために重要です。

1-3 複式簿記の基本❷ 企業会計の複式簿記

貸借対照表の内訳が重要

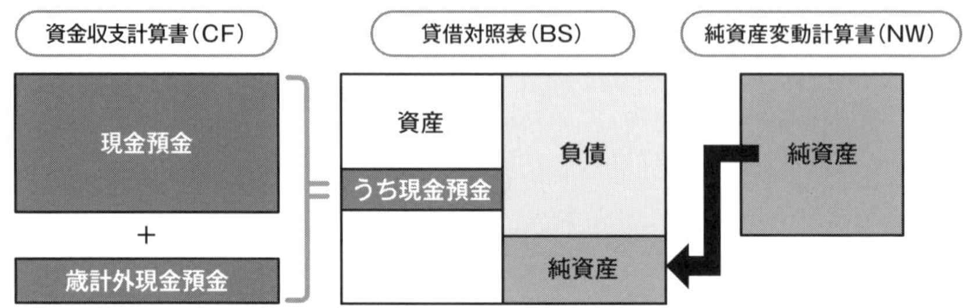

この３つの図表は、先ほど覚えたひな型の１つである「貸借対照表」（略称BS）のうち、借方の内訳の１つである「現金預金」と、貸方の内訳の１つである「純資産」を、特別に分けて考えるものです。地方公会計の仕訳でつまずく要因の１つに、この中央の**貸借対照表（略称BS）の資産のうち、「現金預金」については資金収支計算書（略称CF）の中で仕訳をする**ことがあります。

おこづかい帳で考えるCFとBSの現金預金の関係

まず、企業会計での複式簿記を理解しましょう。資金収支計算書（CF）と貸借対照表（BS）の現金預金の関係をおこづかい帳の例で説明します。

おこづかい帳

（単位：円）

日付	内容	収入	支出	残高
4月1日	4月分おこづかい	1,000		1,000
4月2日	本		500	500
4月3日	お菓子		300	200
4月30日	4月分計	1,000	800	200

上記の表を例として考えてみましょう。ここではおこづかいは「現金」として考えていきます。このおこづかい帳は、４月１日に1,000円のおこづかい（現

金）の収入があり、そのおこづかいで４月２日に本を500円で買い、４月３日にお菓子を300円で買ったとわかります。４月末にはおこづかいの現金が200円あることもわかります。

現金の収支であれば、このような帳簿でいいですよね。ここでの収入と支出の記帳が、資金収支計算書（CF）にあたり、最終的な現金の残高が貸借対照表（BS）の現金残高というイメージです。

ここで、このおこづかい帳の内容を企業会計での複式簿記の処理をすると、次のような仕訳になります。

日付	借方	金額	貸方	金額
4月1日	(BS)現金	1,000	(PL)おこづかい(収益)	1,000
4月2日	(PL)本(費用)	500	(BS)現金	500
4月3日	(PL)お菓子(費用)	300	(BS)現金	300

仮にこの取引だけで決算をする場合、損益計算の費用と収益を「損益勘定」に移します。そのための仕訳は次のとおりです。

日付	借方	金額	貸方	金額
4月30日	(PL)損益	800	(PL)費用	800
4月30日	(PL)収益	1,000	(PL)損益	1,000

次の損益勘定により、損益計算書（略称PL）で「損」か「益」かがわかります。**「益」の場合はその金額を貸借対照表（BS）の純資産に加算し、「損」の場合は純資産を減少させます**。そのための仕訳は次のとおりです。

日付	借方	金額	貸方	金額
4月30日	(PL)損益	200	(BS)純資産	200

今回の事例では、収益－費用＝200円となり、貸借対照表の純資産を増加させます。下記がその財務書類のイメージ図です。

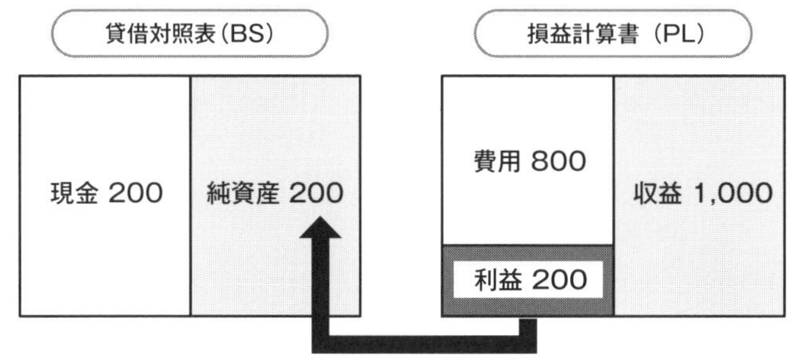

1-4 複式簿記の基本❸ 地方公会計での複式簿記

おこづかい帳の例を地方公会計の複式簿記で考える

次に、地方公会計での複式簿記の場合を、前項同様の例でみてみます。まず、前項のおこづかい帳の取引を、地方公会計での複式簿記にすると、次のような仕訳になります。

日付	借方	金額	貸方	金額
4月1日	(CF)おこづかい(収入)	1,000	(PL)おこづかい(収益)	1,000
4月2日	(PL)本(費用)	500	(CF)本(支出)	500
4月3日	(PL)お菓子(費用)	300	(CF)お菓子(支出)	300

企業会計での仕訳との違いは、収入や支出が、企業会計では貸借対照表（BS）の現金だったのを、地方公会計では資金収支計算書（CF）の「現金の増減」という内容で勘定科目にしたことです。これは、**地方公会計では貸借対照表（BS）の現金預金を、資金収支計算書（CF）で仕訳するから**です。例えば、4月2日の仕訳では、借方として、本を購入したので費用が発生したことと、貸方として、本の購入に伴い現金の支出をしたということの、二面的な取引になります。

この資金収支計算書（CF）の内容は、貸借対照表（BS）の現金の内訳ですので、地方公会計の複式簿記だと、次のような財務書類となります。

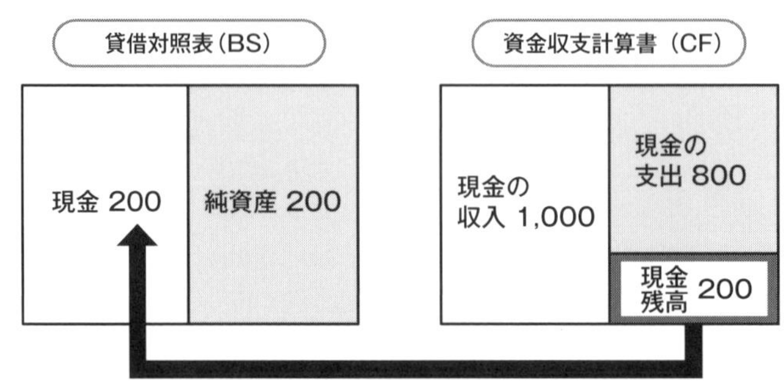

この図表を読み解くと、貸借対照表（BS）に現金残高があることと、資金収支計算書（CF）はその内訳科目ですので、現金残高は繰り越されるということがわかります。

具体的な地方公会計の勘定科目だとこうなる！

では、前項のおこづかい帳の例を、具体的な地方公会計の勘定科目になぞらえて説明してみましょう。

左頁１つ目の表で、借方の「(CF) おこづかい（収入)」となっている箇所、つまり現金預金の増加の要因を、資金収支計算書（CF）の科目の「税収等の収入」とすれば、現金預金の増加が「税収等の収入」であることになります。そして、現金預金の減少の要因が人件費の支払いなら、資金収支計算書（CF）の貸方、おこづかい帳の例では、本やお菓子という支出になっているところが、資金収支計算書（CF）の科目の「人件費支出」となります。

CFの「資金」とは「歳計現金+歳計外現金」

資金収支計算書（CF）の名前にある「資金」というのは、「歳計現金」に「歳計外現金」を加えたもののことです。**「歳計現金」とは、官庁会計で予算の歳入歳出の現金のお金（預金を含むが慣例でこのように表記する）**をいい、逆に**予算の対象外である職員の給与から預かった源泉所得税や、公営住宅などの敷金など自治体のお金でないものは、「歳計外現金」**といいます。これが、貸借対照表（BS）では「現金預金」となります。

したがって、上記の例の場合、資金収支計算書（CF）には、現金預金の増加となった「税収等収入」などとして借方に、現金預金の減少の場合は、「人件費支出」などとして貸方に、というように仕訳をします。

貸借対照表（BS）の純資産についても、純資産変動計算書（NW）で仕訳を行います。この場合は純資産の全てを対象とするので、仕訳的には貸借対照表（BS）で行っていたものを純資産変動計算書（NW）で行う、という理解で構いません。

1-5 複式簿記の基本❹ 損益計算書と行政コスト計算書

損益計算書と行政コスト計算書の違い

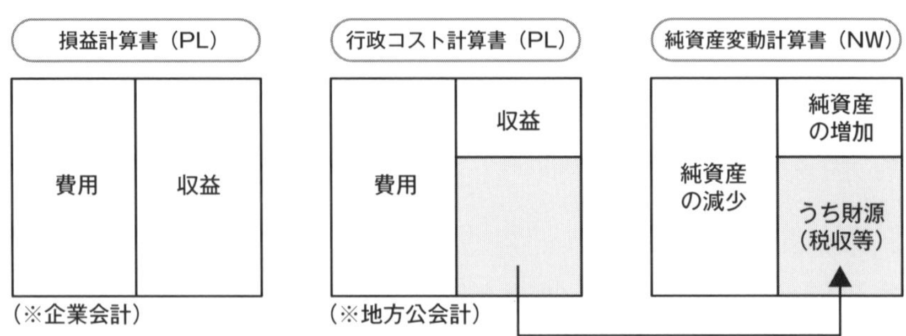

地方公会計の仕訳が難しくなる理由のもう１つは、企業会計での「損益計算書」を「行政コスト計算書」と呼ぶことです。略称はともにPLで同じです。

大きな違いは、**行政コスト計算書（PL）は、企業会計では収益となるであろう税金の収入や国からの交付税や補助金などを、収益とはみなさない**ということです。結果、自治体の収益は使用料収入などに限られ、収益よりも費用が大きくなることから、損益計算書（PL）の「損」と「益」のうち「益」がほとんどないために、「損」を「行政コスト」と置き換えて、行政コスト計算書（PL）という名称になりました。行政コスト計算書（PL）に含まれなかった税収等の収入は、貸借対照表（BS）の純資産の増加ということになり、仕訳の時には、純資産変動計算書（略称NW）の貸方に記載します。

おこづかい帳で考えるPLとNWの関係

ここで、税収等を収益とみなす場合とそうでない場合で、どのような違いがあるのかをみてみましょう。前項の例で、おこづかい帳の仕訳でおこづかいを収益として損益計算書（PL）で計算しましたが、おこづかいを純資産変動計算書（NW）の純資産の増加として仕訳をすると次のようになります。

日付	借方	金額	貸方	金額
4月1日	(BS)現金	1,000	(NW)おこづかい(純資産)	1,000
4月2日	(PL)本(費用)	500	(BS)現金	500
4月3日	(PL)お菓子(費用)	300	(BS)現金	300

この仕訳から、行政コスト計算書（PL）（ここでは損益計算書のイメージではないため）上のコストは本＋お菓子代で800円となります。仮にこの例で4月30日に決算をした場合の損益勘定の仕訳は次のとおりです。

日付	借方	金額	貸方	金額
4月30日	(PL)損益	800	(PL)費用	800

この損益勘定の損失を、純資産変動計算書（NW）の純資産の財源から補う仕訳が、次のとおりです。

日付	借方	金額	貸方	金額
4月30日	(NW)純資産	800	(PL)損益	800

純資産計算書（NW）で、おこづかいが純資産として1,000円あり、そこから800円を差し引きましたので、残りは200円となります。純資産計算書（NW）は貸借対照表（BS）の純資産の内訳であることから、次の仕訳となります。

日付	借方	金額	貸方	金額
4月30日	(NW)純資産	200	(BS)純資産	200

以上の仕訳を整理すると、次のようになります。

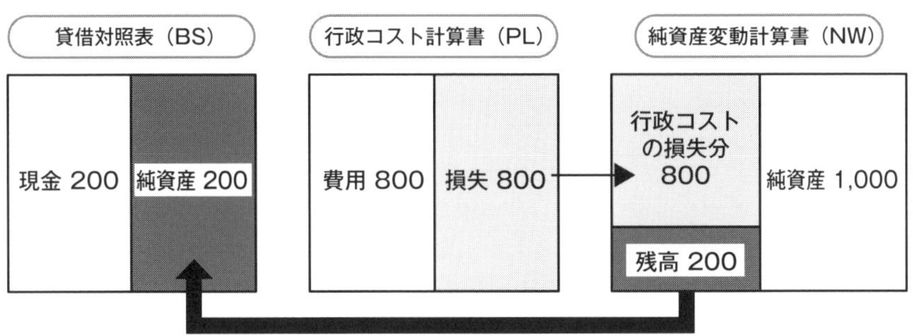

1-6 地方公会計の統一的な基準の財務書類

財務書類４表の概要

全ての自治体は、総務省から示された、「統一的な基準」に基づいて作成される財務書類４表の作成を求められました。この４表は**「貸借対照表」（BS）**、**「行政コスト計算書」（PL）**、**「純資産変動計算書」（NW）**、**「資金収支計算書」（CF）**です。作成方法や考え方は、「統一的な基準による地方公会計マニュアル（令和元年８月改訂）」（以下「マニュアル」という）に記載されています。本書では、重要なポイントを解説していきます。

名称	略称	内容
貸借対照表	BS (Balance Sheet)	基準日時点における財政状態（資産・負債・純資産の残高および内訳）を表示したもの
行政コスト計算書	PL (Profit and Loss statement)	一会計期間中の費用・収益の取引高を表示したもの
純資産変動計算書	NW (Net Worth statement)	一会計期間中の純資産（およびその内部構成）の変動を表示したもの
資金収支計算書	CF (Cash Flow statement)	一会計期間中の現金の受払いを3つの区分で表示したもの

財務書類4表の関係図

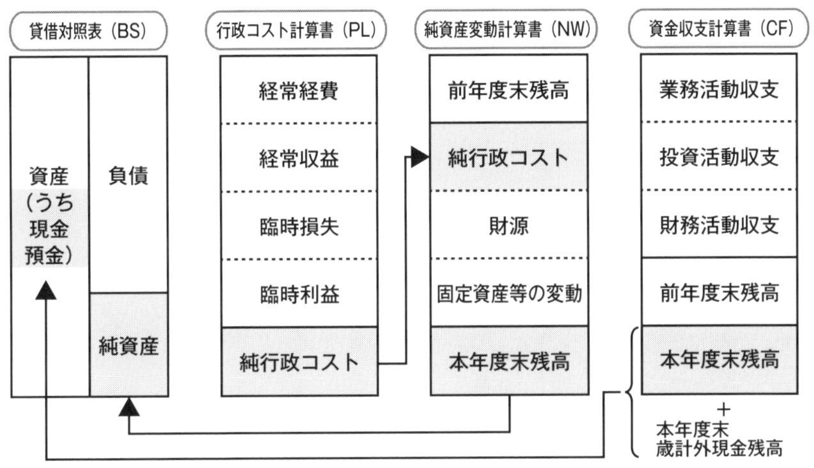

ここで、財務書類４表の関係図を説明します。仕訳のルールに基づいて作成された４表は関連性があり、同じ金額となる部分があります。仮に、**同じ金額にならない場合は、仕訳の誤りや記帳間違いがある**ということになります。

それでは、４表がそれぞれどのように関連するか、３つのポイントに分けて解説します。まず、１点目として、**貸借対照表（BS）の資産のうち「現金預金」の金額は、資金収支計算書（CF）の本年度末残高に、本年度末歳計外現金残高を足したものと対応**します。貸借対照表（BS）の現金預金には、歳計外の現金を含んでいますが、資金収支計算書（CF）は歳計外現金を含んでいないことから、調整をしたあとの金額に一致します。

２点目として、**貸借対照表（BS）の「純資産」の金額は、純資産変動計算書（NW）の本年度末残高と対応**します。これは純資産変動計算書（NW）は貸借対照表（BS）の純資産の内訳であることから、当然のことです。

３点目として、**行政コスト計算書（PL）の「純行政コスト」の金額は、純資産変動計算書（NW）の中で、純資産の減少として計算**されます。

1-7 地方公会計で使う主な勘定科目

主な勘定科目

仕訳処理に際しては、具体的な名称分類として**「勘定科目」という区分により行う**ことになります。具体的には**財務書類４表の「科目」が「勘定科目」を兼ねています**。それにより、仕訳から財務書類４表の内容が理解できます。

<table>
<tr><th>要素</th><th colspan="2">勘定科目の例</th></tr>
<tr><td rowspan="3">資産
(BS)</td><td colspan="2">財源を使って取得した自治体の財産
土地・建物・工作物・物品・ソフトウエア・有価証券・出資金・長期貸付金・現金預金・未収金・短期貸付金・財政調整基金</td></tr>
<tr><td>現金預金の増加(CF)</td><td>税収等収入・国県等補助金収入・使用料及び手数料収入・資産売却収入・地方債発行収入</td></tr>
<tr><td>現金預金の減少(CF)</td><td>人件費支出・物件費等支出・支払利息支出・補助金等支出・公共施設等整備費支出・基金積立金支出・貸付金支出・地方債償還支出</td></tr>
<tr><td>負債
(BS)</td><td colspan="2">将来的に返済の必要がある財源
地方債・長期未払金・退職手当引当金・１年内償還予定地方債・未払金・未払費用・賞与等引当金</td></tr>
<tr><td rowspan="3">純資産
(BS)</td><td colspan="2">返却する必要がない財源
固定資産等形成分、余剰分(不足分)</td></tr>
<tr><td>純資産の増加(NW)</td><td>税収等・国庫補助金・無償所管換等・資産評価差額</td></tr>
<tr><td>純資産の減少(NW)</td><td>無償所管換等・資産評価差額</td></tr>
<tr><td>費用
(PL)</td><td colspan="2">行政活動により発生する支出
職員給与費・物件費・維持補修費・減価償却費・支払利息・補助金等・災害復旧事業費・資産売却損</td></tr>
<tr><td>収益
(PL)</td><td colspan="2">行政活動により発生する収入
使用料及び手数料・資産売却益</td></tr>
</table>

現金収支を伴わない発生主義会計特有の主な勘定科目

<table>
<tr><td rowspan="3">1. 引当金</td><td colspan="2">将来見込まれる費用や損失をあらかじめ計上するもの</td></tr>
<tr><td>評価性
引当金</td><td>資産の控除の性格を持つもので資産に計上するもの
➡投資損失引当金・徴収不能引当金</td></tr>
<tr><td>負債性
引当金</td><td>将来の支出を伴うもので、負債に計上するもの
➡退職手当引当金・損失補償等引当金・賞与等引当金</td></tr>
<tr><td>2. 未払金
(⇔未収金)</td><td colspan="2">特定の契約等により既に確定している債務のうち、その代金を支払っていないもの</td></tr>
<tr><td>3. 未払費用
(⇔未収収益)</td><td colspan="2">一定の契約に従い継続的に受けている役務に関して、既に提供された役務に対していまだその対価を支払っていないもの</td></tr>
<tr><td>4. 減価償却費</td><td colspan="2">適正な期間損益計算を行うため、固定資産の価値が減少した分だけ帳簿価額を減少させることを減価償却といい、減価償却に係る費用を計上するもの</td></tr>
</table>

1-8 地方公会計における財務書類を作る流れ

財務書類作成の流れ

仕訳処理を含めた財務書類作成の流れは以下のとおりです。

主に①**仕訳帳、②総勘定元帳、③合計残高試算表、④精算表、⑤財務書類、という順で作っていく**ことになります。しかし、**現金取引かそうでないかで、参照する資料が「資金仕訳変換表」と「非資金仕訳例」のいずれかに変わってくる**ので注意して下さい。また、現金取引の中でも、消耗品を購入したときのように「(PL) 物件費 (CF) 物件費等支出」と一義的に特定ができるものは電算システムを使った自動仕訳で構いませんが、備品を購入したときなどは金額などにより「(BS) 物品 (CF) 公共施設等整備費支出」か「(PL) 物品費 (CF) 物件費等支出」のように仕訳候補が複数あるものは個別仕訳をする必要があり

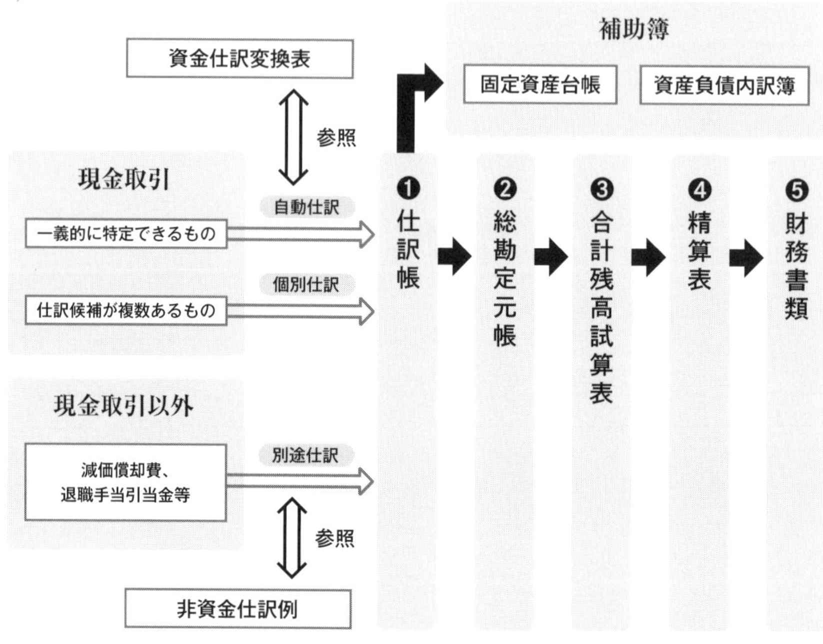

ます。なお、①の仕訳帳に附随する形で補助簿があり、固定資産台帳、資産負債内訳簿といった種類があります。それぞれの細かな意味は以下の用語表で押さえて下さい。

【用語表】

❶仕訳帳	取引を仕訳して記録する帳簿
❷総勘定元帳	勘定科目ごとに金額の増減を記録・計算する帳簿
❸合計残高試算表	総勘定元帳の勘定科目ごとの残高と合計額を表示した一覧表
❹精算表	合計残高試算表の残高について財務書類ごとに表示した一覧表
❺財務書類	貸借対照表(BS)、行政コスト計算書(PL)、純資産変動計算書(NW)、資金収支計算書(CF)の財務書類4表
固定資産台帳	全ての固定資産を1単位ごとに記帳した台帳
資産負債内訳簿	歳入歳出を伴わない資産・負債も含む全ての資産・負債について、勘定科目別に、期首残高、期中増減額、期末残高を記載したもの(マニュアルP101-104別表4資産負債内訳簿参照)

資金仕訳変換表および非資金仕訳例

歳入歳出データを原情報とする仕訳は、マニュアルP106 - 110別表6「資金仕訳変換表」に従います。歳入歳出外の取引は、マニュアルP111 - 115別表7「非資金仕訳例」に従って仕訳を行います。

以下は、資金仕訳変換表のうち仕訳候補が複数ある工事請負費の例です。このように具体的な例を押さえながら、確かな知識を身につけていって下さい。

	借方		貸方	
	財務書類	勘定科目	財務書類	勘定科目
建物工事	BS	建物	CF	公共施設等整備費支出
維持補修費	PL	維持補修費	CF	物件費等支出

2章

ワークでわかる！

財務書類のチェックポイント

財務書類はシステムで作るし、会計事務所などの支援を受けて作成するから、実際に財務書類作成の知識は不要だと思っている読者もいるでしょう。しかし、基本的な知識があれば財務書類の活用法がわかります。

第２章では、前半部分で財務書類４表（貸借対照表・行政コスト計算書・純資産変動計算書・資金収支計算書）のぜひ覚えてほしい内容を、穴埋め方式などで問題を出しています。後半部分は、財務書類が完成するまでの仕訳帳からの各帳票について問題を解きながら理解を深められるようにしています。

2-1 貸借対照表❶ インフラ資産・工作物

貸借対照表（BS）とは、資産と負債をまとめたものであると学びました。この内容を理解していくために、**資産の中で金額が大きくて重要な、「インフラ資産」**から学んでいきましょう。特に、「工作物」はインフラ資産の中でよく出てくるので、覚えておきましょう。

問題

次の文章は、貸借対照表のうち、「インフラ資産」や「工作物」といった分類を示すものです。それぞれ空欄に当てはまる言葉を、下記の語群の中から選んでみましょう。

（　ア　）は自治体の財政状態を明らかにすることを目的として作成します。

資産は、（　イ　）および流動資産に分類して表示します。

（　イ　）は、（　ウ　）、無形固定資産および投資その他の資産に分類して表示します。

（　ウ　）は、事業用資産、（　エ　）および物品に分類して表示します。

（　エ　）は、土地、建物、（　オ　）その他、建設仮勘定の表示科目を用います。

語　群

・損益計算書　・貸借対照表　・純資産計算書
・資金収支計算書　・固定資産　・純資産　・変動資産
・有形固定資産　・インフラ資産　・公有財産
・工作物　・機械

[正 解] ア　貸借対照表　　イ　固定資産　　ウ　有形固定資産
エ　インフラ資産　　オ　工作物

[解 説]　**資産とはどのようなものなのかを体系的に理解し、貸借対照表（BS）のインフラ資産・工作物の分類を理解**しましょう。

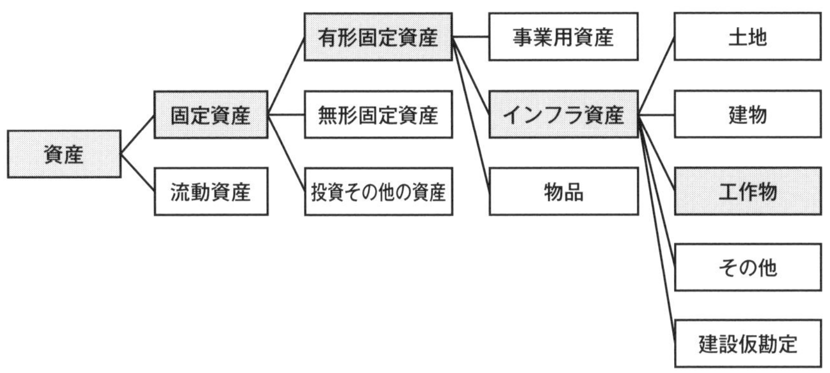

インフラ資産は、システムまたはネットワークの一部であること、性質が特殊なものであり代替的利用ができないこと、移動させることができないこと、処分に関し制約を受けることといった特徴の一部または全てを有するものであり、例えば道路ネットワーク、下水処理システム、水道等が該当します（マニュアルP46段落96）。

CHECK POINT

インフラ資産の工作物は道路、橋梁、公園、河川など多くの種類があります。資産の多くを占める道路ですが、道路の工事でも、修繕の場合は行政コスト計算書（PL）の「維持補修費」になるので注意が必要です。また、工作物は全てインフラ資産になるのではなく、プールなどは事業用資産の工作物になることにも注意しましょう。

2-2 貸借対照表❷ 固定資産・長期貸付金

自治体が金銭の支出をする際、支出した金銭の返済を求める場合を「貸付金」と呼び、決算の日より１年を超えての返済の場合は「長期貸付金」として固定資産に計上します。１年以内の場合は、流動資産の「短期貸付金」となります。また、自治体が団体等に、補助金や住民への手当支給などで金銭を支給する場合は、返済の必要がないですので、その違いも理解しましょう。

問題

次の文章は、貸借対照表のうち、「固定資産」の中の「長期貸付金」について整理したものです。空欄に、下記の語群の中から当てはまる言葉を選んでみましょう。

金銭の消費貸借契約によって、他人に金銭が貸し付けられたときは一般的に（　ア　）勘定で記帳します。

自治体も、直接あるいは間接的に金銭の貸付をする場合があります。

貸借対照表の表示科目は、翌年度に償還が到来するものを（　イ　）として流動資産に区分し、それ以外は（　ウ　）とし固定資産に区分します。

（　ア　）は地方自治法第240条第１項に規定する（　エ　）を目的とする自治体の債権でもあります。

語　群

・資産貸付　・貸付金　・金銭貸与　・借入金
・長期貸付金　・短期貸付金　・現金の給付　・役務の提供
・物品の購入

[正解] ア　貸付金　　イ　短期貸付金　　ウ　長期貸付金
エ　現金の給付

[解説] 自治体は、直接あるいは地域住民の福祉の増進を図るため、現金の貸付を行うことがあります。このような場合、法令または条例などにその具体的な要件を定めて貸付が行われますが、一般的にイメージされる民間の「貸付」とは異なり、行政目的の見地から、無利子または市中金利に比べて低利であり、その償還期間も長い場合もあります。

また、地方公営企業法第18条の２第１項の規定により、地方公共団体は公営企業に対して長期の貸付ができるとされています。

長期貸付金として、**貸借対照表（BS）に計上されている貸付金が、翌年度に償還の期限となった場合は、「短期貸付金」に変更する必要**があります。

貸付に付随する費用（書類の作成費や人件費）は貸付金とはならず、行政コスト計算書（PL）のその他の業務費となります。

CHECK POINT

貸付金の返済と利息の収入があったとき、官庁会計では諸収入として処理されますが、仕訳上は貸付金の元本の回収（資産の減少）と利息の収入（収益の発生）とを区別する必要があります。

2-3 貸借対照表❸ 流動資産・現金預金

現金預金とは、現金および預金等のことです。自治体特有の会計処理なので、注意しましょう。特に、資金との違いや、自治体が源泉所得税などを預かる歳計外の現金、出納整理期間中の現金の取り扱いなどを理解して下さい。

問題

以下は、地方公会計における「現金預金」に関する文章です。次のうち、内容が正しいものの組み合わせの番号を1つ選んでみましょう。

ア　貸借対照表に計上される現金預金の金額は、会計年度末の実際の現金の保有額と預金残高の合計と一致します。

イ　貸借対照表の現金預金の金額は、資金収支計算書の本年度末残高と対応します。

ウ　手許現金とは、紙幣や硬貨など手許に保有している現金です。

エ　自治体が資金管理方針等で歳計現金等の保管を認めている預金等は、現金預金に含まれます。

オ　貸借対照表に含まれる歳計外の現金は、例外なく３月31日時点の残高を計上しなければなりません。

選択肢　1. ア、イ　2. イ、ウ　3. ウ、エ　4. エ、オ

［正解］3.　ウ、エ

［解説］ア　**貸借対照表（BS）に計上される現金預金は、会計年度末の保有残高に、出納整理期間における現金預金の出納を加減した金額**となりますので、会計年度末の実際の保有額とは異なります。（マニュアルP30段落15）

イ　**貸借対照表（BS）の現金預金の金額は、資金収支計算書（CF）の本年度末の資金残高に歳計外現金（預金）の残高を加え**ます。（マニュアルP31段落20の①）

ウ　○

エ　○（マニュアルP47段落114）

オ　**歳計外現金の残高は、3月31日時点の残高を計上**します。ただし、出納整理期間中に歳計現金との振替があった場合、振替額が貸借対照表（BS）に二重に計上されるため、歳計外現金残高から振替額を控除するなど調整する必要があります。（マニュアルP395問15の回答）

CHECK POINT

現金預金は、現金（手許現金および要求払預金）および現金同等物で構成されています。要求払預金は、いつでも払い戻しができる預金です。現金同等物は、3か月以内の定期預金などですが、各自治体が資金管理方針などで歳計外現金などの保管方法として認めた、定期預金や国債なども対象となります。

2-4 貸借対照表❹ 流動資産・未収金

ここでは「未収金」について学んでいきましょう。民間の営利事業の場合は、商品の売上に対して未収入の場合は「売掛金」して仕訳を行い、商品以外のものを売却したのに未収入の場合を「未収金」といいます。対して**自治体の場合は、税金などの収入が未収の場合などを含め、「未収金」**とします。なお、ここでの未収金は、1年以内に回収する場合と考えて流動資産の区分となります。

問題

次の文章は、貸借対照表のうち、「流動資産」の中の「未収金」について説明したものです。空欄に、下記の語群の中から当てはまる言葉を選んでみましょう。

貸借対照表は固定資産および（　ア　）に分類して表示します。資産科目の配列は（　イ　）によっています。また、この分類の基準として、原則として（　ウ　）基準を採用しています。

（　ア　）は、現金預金、（　エ　）、短期貸付金、基金、棚卸資産、その他および徴収不能引当金に分類して表示します。

（　エ　）は、現年調定現年収入未済の（　オ　）および財源をいいます。（　エ　）の過去の徴収不能実積率など合理的な基準により徴収不能引当金を算定し、（　エ　）から徴収不能引当金を控除した形で貸借対照表に表示します。

語　群

・純資産　・流動資産　・有形固定資産　・1年　・3年
・5年　・収益　・流動性配列法　・固定性配列法
・未収金　・買掛金　・売上金

[正 解] ア　流動資産　　イ　固定性配列法　　ウ　1年
エ　未収金　　オ　収益

[解 説] 貸借対照表（BS）の資産は、現金化しやすい順番に並べる「流動性配列法」が一般的です。しかし**自治体では、自治体の資産がほとんど固定資産であることから、固定資産から並べる「固定性配列法」を採用**しています。

1年基準とは、決算後**1年の間に現金化されるものを流動資産、1年を超えるものを固定資産**とする、全ての企業が守らなければいけない企業会計原則注解16の要件です。

未収金とは、自治体の収入のうち、まだ現金化されていないものです。

自治体の収入は、調定行為が必要です。現年度にまず調定がなされますが、この調定された金額がその年度に収入（自治体は出納整理期間があるので、5月31日まで）されなかった、つまり支払われなかった（＝収入未済）金額のことをいいます。なお、この金額のうち、使用料などの行政コスト計算書（PL）での収益の場合と、税収などによる純資産変動計算書（NW）の純資産の増加＝財源の場合があります。

CHECK POINT

従来の官庁会計でも、未収金にあたる収入未済の収益把握と、時効などの不納欠損処分による収入未済の債権放棄の処理をしていました。地方公会計では、不納欠損処理になる前に、未収金のうち回収ができない可能性がある金額を「徴収不能引当金」として未収金と両建てで把握するとともに、自治体の債権の回収処理を促す意味でも、この「未収金」と「徴収不能引当金」の金額をしっかりチェックする必要があります。

2-5 貸借対照表❺ 基金・財政調整基金

基金とは自治体の貯金のことです。この取り扱いは、自治体特有の考え方になっていますので注意しましょう。基金としての貯金は、現金や土地、有価証券などで保有しています。その保有している資産の種類ごとに貸借対照表(BS)に登載するわけではなく、その貯金がなんの目的なのかによって、基金という勘定のなかで区分しています。基金のうち財政調整基金の内容は特に重要です。

問題

地方公会計における貸借対照表に計上される「基金」についての次の文章のうち、内容の正しいものの組み合わせの番号を1つ選んでみましょう。

ア　基金を土地として保管している場合は、基金勘定ではなく固定資産の「土地勘定」に計上します。

イ　財政調整基金として1年を超える定期預金として保管している場合は、1年基準により、固定資産の部の基金に計上します。

ウ　特定目的の基金として現金預金で保管している場合は、流動資産の部の基金に計上します。

エ　減債基金については、1年基準により、流動資産か固定資産に計上します。

オ　基金を市場性のある有価証券で保管している場合は、決算日における市場価格をもって貸借対照表価額とします。

選択肢　1. ア、イ　2. イ、ウ　3. ウ、エ　4. エ、オ

[正解] 4．エ、オ

[解説]

ア　基金の評価基準は、基金の構成する資産の種類に応じて適用します。したがってこの場合は、土地の資産としての評価基準が適用されますが、貸借対照表（BS）には土地勘定ではなく基金勘定として計上するようにマニュアルP146段落99により求められています。

イおよびウ　流動資産・固定資産に分類する際の判断基準は、原則として1年基準とされていますが、基金はその「性質」で勘定科目を定めています。財政運営上弾力的に取り崩される「財政調整基金」は「流動資産」とし、特定の目的のために取り崩される「その他の基金」は「固定資産」として分類しています。（マニュアルP394問9の回答）

エ　○（マニュアルP47段落111、P48段落117）

オ　○（マニュアルP146段落99、P145段落93）

基金	流動資産	財政調整基金、減債基金
	固定資産	減債基金、その他

財政調整基金	年度間の財源不足に備えるための積立金
減債基金	借金の返済に備えるための積立金
その他	特定目的のための積立金

CHECK POINT

基金のうち、特に財政調整基金の残高については注意が必要です。財政調整基金の減少は、財政破綻への兆候になります。

2-6 貸借対照表❻ 固定負債・地方債

地方債とは、自治体の借入金、すなわち借金のことです。この地方債の残高がどのくらいあるのかは、住民にとって関心の高い内容です。この借金の金額が貸借対照表（BS）の負債の部に計上されます。

地方債は、1年を超えての借入金となりますので、まずは「固定負債」の地方債という表示になります。ただし、決算日より1年以内に償還期間がなった場合は、流動負債に変更となることに気を付けて問題をみてみましょう。

問題

次の文章は、貸借対照表のうち、負債の種類についてまとめているものです。空欄に、下記の語群の中から当てはまる言葉を選んでみましょう。

負債は、（　ア　）および流動負債に分類して表示します。（　ア　）は、（　イ　）、長期未払金、退職手当引当金、損失補償等引当金およびその他に分類して表示します。（　イ　）は、自治体が発行した（　イ　）のうち、償還予定が（　ウ　）超のものをいいます。

なお、（　ウ　）以内に償還予定の（　イ　）は流動負債の部に（　エ　）として分類して表示します。

語群

・長期負債　・固定負債　・長期借金　・地方債
・長期借入金　・1年　・3年　・5年
・1年内償還予定地方債　・3年内償還予定地方債
・5年内償還予定地方債

[正解] ア　固定負債　　イ　地方債　　ウ　1年
エ　1年内償還予定地方債

[解説] **地方債とは、自治体が公共施設の整備などの建設事業を行うために必要な資金を、国や金融機関など外部から調達する、いわゆる「借入金」**のことです。

また、建設事業を行うための借入金以外に、「臨時財政対策債」という地方債があります。これは、国から交付されるべき地方交付税の不足分を補うために設けられているもので、どの地域に住む国民に対しても一定の行政サービスを保障するための財源です。

地方債は、現在の納税者と将来の納税者との間の負担の公平を図るという機能も併せ持っています。例えば、図書館の建設費全額をその年度の税収で賄ったとすれば、完成後に市内に引っ越してきた人は、建設費をまったく負担せずに施設等を利用できることになります。これでは、もともと住んでいて、建設費を負担した市民との間に不公平が生じます。地方債は、返済が長期にわたる結果、新たに市民となった人も「償還金」という形で建設費を負担することになり、税負担の公平性を確保できるのです。

CHECK POINT

地方債により借金した場合は、その返済計画に注意が必要です。なぜなら、決算時に返済の償還期限が3年先だったものが1年以内になったら、固定負債である「地方債」から、流動負債の「1年内償還予定地方債」へ振替の仕訳が必要になります。当然ですが、支払いの財源を用意することも必要となってきます。

2-7 貸借対照表❼ 固定負債・退職手当引当金

この退職手当引当金は、発生主義会計の中で重要な考え方なので、しっかり理解しましょう。考え方としては、職員の退職金は勤続年数に応じて支払われるものであり、退職したときの年度に全額費用とするのではありません。毎年、現金の支出はないけれども、費用として計上するとともに、将来支払う義務、すなわち「引当金」（この場合「退職手当引当金」）として固定負債に積み上げていくということを理解しましょう。

問題

次の文書は退職手当引当金についての考え方をまとめたものです。空欄に下記の語群の中から当てはまる言葉を選んでみましょう。

退職金制度がある会社では、将来の退職金支給に備えて（　ア　）を計上する必要があります。これを（　イ　）といいます。地方公会計では（　イ　）の名称が（　ウ　）となっています。

（　ウ　）の計上は、当該年度の末日において、全職員が（　エ　）により（　オ　）するものと仮定した場合に、職員に支給する退職手当について繰り入れるべき（　ア　）とされています。

この算定方式を（　カ　）方式といいます。

（　ウ　）は貸借対照表に固定負債として計上します。

語　群
- ・損失金　・引当金　・退職給付（給与）引当金
- ・退職手当引当金　・支払予定退職手当費用　・勧奨退職
- ・自己都合　・定年退職　・免職　・退職
- ・期末勧奨退職要支給額　・期末免職要支給額
- ・期末自己都合要支給額

[正解] ア　引当金　　イ　退職給付（給与）引当金　　ウ　退職手当引当金
エ　自己都合　　オ　退職　　カ　期末自己都合要支給額

[解説] 民間で使用されている「退職給付」は、退職給付債務から年金資産を差し引いた金額により退職給付引当金として求めます。しかし地方公会計はこのような制度でなく、**退職手当のうち既に労働の提供が行われている部分について、「期末自己都合要支給額方式」という計算方法で算定**します。

考え方としては、まず退職金を「給与の前払い」と考えます。

ざっくりと説明すると、例えば勤続年数が20年で、退職金が2,000万円と仮定した場合、10年勤続した職員分に対して、1,000万円（100万円×10年）の退職手当引当金を、「給与の前払い＝負債」つまり貸借対照表（BS）の負債の部分に、退職手当引当金として計上するということです。つまりこの場合は、勤め始めてから毎年１年分の100万円が退職手当引当金として積み上がっていきます。併せて、費用（退職手当引当金繰入額）として行政コスト計算書（PL）に退職手当引当金繰入額として計上します。

CHECK POINT

職員の退職時期は必ずしも同じ日ではありません。また、個々の職員に退職手当引当金が設定されているわけでなく、全体として退職手当引当金が設定されている場合が一般的です。したがって、退職時は職員給与費として仕訳（下記当初仕訳を参照）をしておいて、決算のときの整理仕訳（下記決算整理仕訳を参照）で、退職手当引当金を取り崩し、同額の職員給与費を振替する処理が必要です。

（例）

当初仕訳：

(PL)	職員給与費××円	(CF)	人件費支出××円

決算整理仕訳：

(BS)	退職手当引当金××円	(PL)	職員給与費××円

2-8 貸借対照表❽ 流動負債・未払金

未払金とは、その名称のとおり「まだお金を払っていないこと」です。そもそも自治体は、物品を購入した場合や、サービスの提供を受けた場合は、お金の支払いをしますので未払金はないと思われるかもしれません。しかし自治体は、代金を「後払い」するのが原則なので、支払いの時までは「未払金」ということになります。また、決算の時までに支払いができないときなどは、貸借対照表（BS）に未払金が計上されることになります。

問題

次の文章は、貸借対照表のうち、「流動負債」の中の「未払金」についてまとめたものです。空欄に、下記の語群の中から当てはまる言葉を選んでみましょう。

負債は、固定負債および（　ア　）に分類して表示します。

（　ア　）は、1年内償還予定地方債、（　イ　）、未払費用、前受金、前受収益、賞与等引当金、預り金、その他に分類して表示します。

（　イ　）は、基準日時点までに（　ウ　）義務発生の原因が生じており、その金額が（　エ　）し、または（　オ　）に見積もることができる債務のうち、その代金を支払っていないものをいいます。

語　群

・短期負債　・流動負債　・流動損失　・後日支払金
・未払金　・未収金　・支払い　・購入　・契約　・確定
・内定　・個人的　・公的　・客観的　・合理的

[正解] ア　流動負債　　イ　未払金　　ウ　支払い　　エ　確定
オ　合理的

[解説]　**未払金とは、物品を購入したときや、サービスの提供を受けたときに、その代金を後から支払う場合の勘定科目**です。

自治体の支払いの条件として、①債務である金額が必要最小限度に定まっている、②支出すべき時期が到来している、③支払いの相手方が正当債権者である、の３つの条件が満たされた場合、支出することができます。したがって**支払いは原則「後払い」**となります。このことから、自治体は1,000円の物品を購入し、納品が確認されたときの仕訳として

(PL)	物件費　1,000円	(BS)	未払金　1,000円

とします。また、支払いをしたときの仕訳は、

(BS)	未払金　1,000円	(CF)	物件費等支出　1,000円

となります。

未払金と似た勘定科目として、「未払費用」というものがあります。未払費用は、一定の契約に従い、継続して役務の提供を受けている場合、基準日時点において既に提供された役務に対して、未だその対価の支払いを終えていないものをいいます。

CHECK POINT

物品等を購入したときに「未払金」は発生しますが、自治体は基準日（3月31日）時点の未払金については出納整理期間の5月31日までに支払えば、未払金とはしないルールがあるので、決算の時に未払金がある場合は、支払い漏れではないか要確認です。

2-9 貸借対照表❾ 流動負債・賞与等引当金

賞与等引当金は、発生主義の考え方で考えてみましょう。すなわち、賞与等（ボーナス）はもらった月の収入ということではなく、支給対象期間が定められていますので、**負債として「引当金」にいくら計上する**、ということになるのです。

問題

次の資料を参考にして、A市の令和５年３月31日における下記資料の仕訳の賞与等引当金の計上金額が、下記選択肢のうちどれか、選んでみましょう。なお、当期は令和４年４月１日から令和５年３月31日までの１年間です。なお今回は、資料から判明する事項以外は考慮しないものとします。

【資料】
令和５年３月31日におけるA市の賞与等引当金の算定資料は、次のとおりである。

- 当期：令和４年４月１日～令和５年３月 31日（１年間）
- 令和５年６月支給予定の賞与等：600,000千円
- 上記賞与等の支給対象期間：令和４年12月～令和５年５月
- 仕訳：

(PL)	賞与等引当金繰入額××円	(BS)	賞与等引当金××円

語　群

ア　600,000千円　　イ　300,000千円　　ウ　400,000千円
エ　200,000千円　　オ　500,000千円

[正 解] ウ　400,000千円

600,000千円÷６か月×４か月＝400,000千円

[解 説] この問題は、発生主義会計における基本的な考え方を確認する内容です。まず、「当期の会計期間が令和４年４月１日から令和５年３月31日」であることを押さえる必要があります。次に、**「この期間に発生した資産・負債・費用・収益」の正しい知識を持つということが必要**です。

本事例は、令和５年６月支給予定の賞与等の合計が600,000千円あります。現金主義会計なら、会計期間中に現金の支払いがないので支出は０円ということになります。

ここで、「賞与等」の意味合いですが、この場合の「賞与等」の支給対象期間は「令和４年12月から令和５年５月」とされています。すなわち、支給対象期間である６か月間在籍した場合に支給されるのです。すなわち、この６か月のうち、令和４年12月から令和５年３月までの４か月間分を賞与等の費用（賞与等引当金繰入額）として行政コスト計算書（PL）に計上するとともに、まだ支払いがされていないとして将来の負債である引当金（賞与等引当金）として計上するということになります。

CHECK POINT

賞与等引当金の「賞与等」は、期末手当・勤勉手当に加えて法定福利費を計上します。また、翌年度の賞与等の支払いの際には、整理仕訳として、「（借方）賞与等引当金と、（貸方）職員給与費」の仕訳を忘れないようにしましょう。支払い時の賞与等は、行政コスト計算書（PL）の「職員給与費」の勘定科目を使うことも覚えておきましょう。

2-10 行政コスト計算書❶ 職員給与費

行政コスト計算書（PL）を読み解く前に、まず、ここでは行政コスト計算書（PL）の体系を学んでいきましょう。この問題では、職員給与費という勘定科目がどのような位置にあるのかをみていきます。行政コスト計算書（PL）のコスト全てにいえますが、**現金主義会計と違い、支払いが済んでいない場合でも、支払い義務が確定している分も含まれる**という、発生主義の考え方も確認しましょう。

問題

次の文章は、行政コスト計算書のうち、職員給与費についてまとめたものです。空欄に、下記の語群の中から当てはまる言葉を選んでみましょう。

（　ア　）は会計期間中の自治体の費用・収益の取引高を明らかにすることを目的として作成します。（　ア　）は、（　イ　）、経常収益、臨時損失および臨時利益に区分して表示します。（　イ　）は、（　ウ　）および移転費用に分類して表示します。（　ウ　）は、（　エ　）、物件費等およびその他の業務費用に分類して表示します。（　エ　）は、（　オ　）、賞与等引当金繰入額、退職手当引当金繰入額およびその他に分類して表示します。（　オ　）は、職員等に対して勤労の対価や報酬として支払われる費用をいいます。

語　群

・損益計算書　・行政コスト計算書　・費用収益明細書
・日常費用　・経常費用　・経常損失　・業務費用
・行政費用　・労働費　・人件費　・建設費
・公務員給与費　・職員給与費

[正 解] ア　行政コスト計算書　　イ　経常費用　　ウ　業務費用
エ　人件費　　オ　職員給与費

[解 説]　行政コスト計算書（PL）の費用のうち、「職員給与費」の位置を確認しましょう。

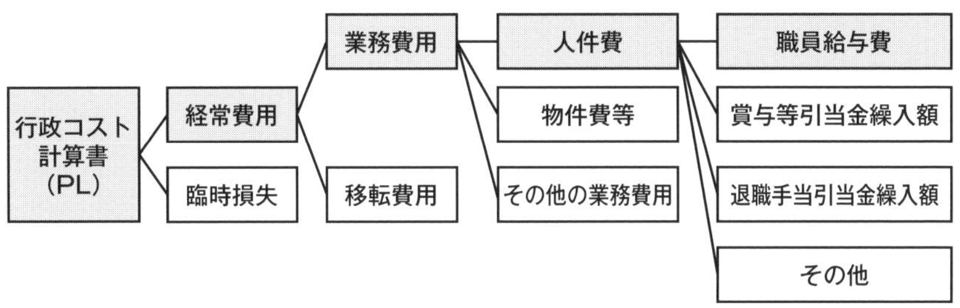

職員給与費には、歳出予算の給料（特別職給・一般職給）、職員手当等（退職手当・特殊勤務手当・扶養手当など地方自治法第204条第２項に規定されている各種手当）、共済費（地方公務員共済組合に対する負担金など）、公務災害補償費（療養補償・休業補償・障害補償・遺族補償・葬祭補償）を含みます。

CHECK POINT

議員報酬などの報酬は、「その他（人件費）」に仕訳します。会計年度任用職員については、フルタイムの職員の給与は職員給与費に含めますが、パートタイムの職員の給与は報酬となり、議員報酬と同様に「その他（人件費）」に分類することに注意します。

2-11 行政コスト計算書❷ 賞与等引当金繰入額

貸借対照表（BS）で学んだ「賞与等引当金」とセットで覚えましょう。賞与等引当金として当該年度に引当金に繰り入れた金額を、当該年度の費用として「賞与等引当金繰入額」としてコストとみるのです。支払いをしていないものの、発生主義の考え方を採用していることを確認しましょう。

問題

次の資料を参考にして、当期の行政コスト計算書の人件費（職員給与費・賞与等引当金繰入額）の区分に計上される費用総額を求めてみましょう。なお、今回は資料から判明する事項以外は考慮しないものとします。

【資料】

1．当期は令和４年４月１日から令和５年３月31日

2．令和４年６月支給の賞与等（期末手当・勤勉手当・法定福利費）は 438,000 千円である。
支給対象期間は令和３年 12 月から令和４年５月まで

3．令和４年12月支給の賞与等は 456,000 千円である。
支給対象期間は令和４年６月から11月まで

4．令和５年６月支給予定の賞与等は 474,000 千円である。
支給対象期間は令和４年12月から令和５年５月まで

5．賞与等の計算にあたっては、月割計算による。

[正 解]　918,000千円

[解 説]　**当期の賞与等引当金繰入額の費用は、発生主義の考え方で見積計上**をして求めるものです。現金主義会計であれば、当期に支払われた賞与等の６月分（438,000千円）と12月分（456,000千円）の合計額である894,000千円が職員給与費（賞与等）ということになります。発生主義の考え方は、以下のとおりです。

1．当期の期間を確認➡令和４年４月１日～令和５年３月31日

2．支給対象期間を確認➡賞与等の費用計上の考え方になります。

3．計算方法➡月割計算

計算式

① 438,000千円÷６か月×２か月＝146,000千円（職員給与費）

② 456,000千円÷６か月×６か月＝456,000千円（職員給与費）

③ 474,000千円÷６か月×４か月＝316,000千円（賞与等引当金繰入額）

①＋②＋③＝918,000千円

賞与等の支払いをする際は、当期の期間は「何か月分が含まれているのか」をまず考えるようにして下さい。

CHECK POINT

賞与等が支払われたときは、「職員給与費」という勘定科目を使用します。しかし、賞与等を見積計上するときは、「賞与等引当金繰入額」の勘定科目を使用することに注意が必要です。令和４年６月の賞与等が、職員給与費として６か月分計上されていますが、前年度決算日（３月31日）に前年度分の４か月分を賞与等引当金として計上してありますので、賞与等が支払われたときに、この賞与等引当金と職員給与費を相殺する仕訳をすることにより、２か月分の費用計上が可能となることも理解しましょう。

2-12 行政コスト計算書❸ 退職手当引当金繰入額

これも貸借対照表（BS）で学んだ「退職手当引当金」とセットで覚えましょう。職員の退職金は、その勤続年数に応じて支払われるものと考えて、毎年、決算時に、将来支払う退職手当の金額のうち、当該年度分を計算して退職手当引当金に計上するとともに退職手当引当金繰入額として費用計上するものです。

問題

次の資料を参考にして、A市における当期の行政コスト計算書のうち退職手当引当金繰入額として正しい金額を以下の選択肢の中から選んでみましょう。なお今回は、資料から判明する事項以外は考慮しないものとします。

【資料】

1. A市では、退職手当引当金について、期末自己都合要支給額により算定することとしている。
2. 前期末在職者に係る自己都合要支給額は 775,000 千円であった。
3. 当期末在職者に係る自己都合要支給額は 845,000 千円であった。

※自己都合要支給額：仮に全職員が退職した場合の退職金総額

選択肢
ア　1,620,000千円　　イ　845,000千円
ウ　775,000千円　　エ　70,000千円　　オ　0千円

[正 解] エ　70,000千円

[解 説] 退職手当引当金は、本書の２－７「固定負債・退職手当引当金」の項を確認して下さい。要するに、**退職手当引当金は、将来の退職手当の金額を、勤続年数等により決算時に貸借対照表（BS）の負債として見積計上**するものです。

問題文の資料にあるとおり、前年度に退職手当引当金が775,000千円計上してあります。通常はその年度に退職者がいればその分の退職手当引当金は差し引かれますが、ここでは指示がないので考慮しません。今年度末に再度、退職手当引当金を計算すると、期末の自己都合要支給額は845,000千円ということです。ここで注意しておきたいのは、前年度に退職手当引当金775,000千円が貸借対照表（BS）に計上してありますので、845,000千円－775,000千円＝70,000千円を貸借対照表（BS）に追加計上することになります。

これを仕訳で示すと「（費用）退職手当引当金繰入額70,000千円（負債）退職手当引当金70,000千円」ということになります。

ここでの退職手当引当金繰入額は、退職手当引当金の当該発生分となり、その年度の費用ということで行政コスト計算書（PL）に計上することになります。

CHECK POINT

退職手当引当金繰入額は将来の退職金の支払いについて、当該年度分を費用とし見積計上しましたが、実際にお金を支払っていないことから、本来であれば、毎年この分を貯金しておくことが望ましいです。なぜなら、退職金の支払い時にその貯金を使えばよいからです。実際は、職員の退職時に財政調整基金を取り崩したり、退職手当債として借金をしたりするなどしてお金をなんとか調達しているのが現状です。

2-13 行政コスト計算書❹ 物件費

行政コストの中で、物にかかるコストといわれるのが物件費です。物件費は経常的な費用であり、業務を行ううえで必要なものです。この物件費の内容は広範囲な内容になっています。まずここでは、行政コスト計算書（PL）の体系の中で言葉の定義を理解して、その中での物件費の位置を確認しましょう。

問題

次の文章は、行政コスト計算書のうち、物件費についてまとめたものです。空欄に、下記の語群の中から当てはまるものを選んでみましょう。

行政コスト計算書中の、（　ア　）は費用の定義に該当するもののうち、毎会計年度、経常的に発生するものをいいます。

（　ア　）は、（　イ　）および移転費用に分類して表示します。

（　イ　）は、人件費、（　ウ　）およびその他の業務費用に分類して表示します。

（　ウ　）は、（　エ　）、維持補修費、減価償却費およびその他に分類して表示します。

（　エ　）は、職員旅費、委託料、消耗品や備品購入費といった消費的性質の費用であって、資産計上されないものをいいます。

語　群

・日常費用　・経常費用　・経常損失　・業務費用
・行政費用　・労働費　・物件費等　・物件費　・日用品費
・事務費　・消耗品費　・需用費　・役務費

[正 解] ア　経常費用　　イ　業務費用　　ウ　物件費等　　エ　物件費

[解 説]　行政コスト計算書（PL）の費用のうち、「物件費」の位置を確認しましょう。

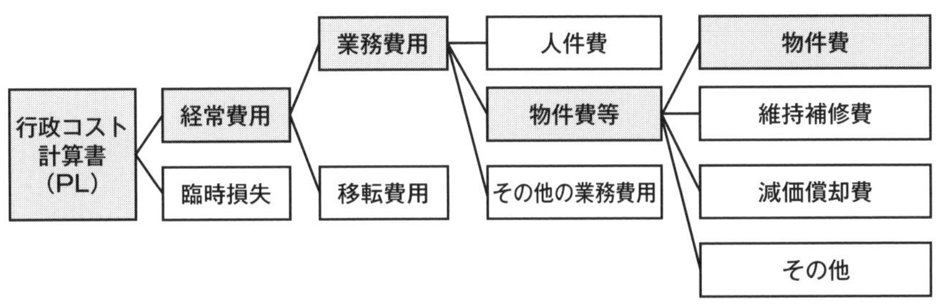

物件費は、資産に計上されないものであり、多くの予算科目の経費を含んでいます。予算科目のうちの主なものは以下のとおりです。

報償費・旅費・交際費・消耗品費・燃料費・食糧費・印刷製本費・光熱水費・賄材料費・飼料費・医薬材料費・通信運搬費・保管料・広告費・手数料・筆耕翻訳料・使用料及び賃借料・資産形成以外の委託料・50万未満の備品購入費など

CHECK POINT

以前は、予算科目上に「賃金」があり、これは「経費」とされていましたが、地方自治法の改正により、予算科目上「賃金」の項目そのものが削除されたので令和２年度から従来の「賃金」の対象の職員は、会計年度任用職員（パートタイム）となり、「報酬」として支払うことになりました。それに伴い報酬は「人件費」の「その他」に区分することになりましたので注意しましょう。

2-14 行政コスト計算書❺ 減価償却費

行政コスト計算書（PL）の費用として、最も重要なのが「減価償却費」です。地方公会計が必要になったのも、この減価償却費などの発生主義のコストの把握が必要だからです。簡単にいえば資産として貸借対照表（BS）に計上した耐用年数のある（償却資産という）資産を、一定のルールにより毎年費用計上するイメージだと理解したうえで、減価償却に必要な情報を覚えましょう。

問題

次の資料を参考にして、A市の当期に計上する減価償却費の正しい金額を、下記の選択肢の中から１つ選んでみましょう。なお今回は、当会計期間は、令和３年４月１日から令和４年３月31日までの１年間です。なお、今回は資料から判明する事項以外は考慮しないものとします。

【資料】建物の減価償却に関する資料

取得日：平成８年11月14日

（翌年度（※平成９年４月１日～）より減価償却を行っている）

取得価額：200,000,000円

減価償却方法：定額法

耐用年数：47年

償却率：0.022

選択肢

ア　3,960,000円　イ　3,829,787円　ウ　4,400,000円
エ　4,255,319円　オ　4,180,000円

[正解] ウ　4,400,000円
200,000,000円×0.022＝4,400,000円

[解説] **減価償却とは、長期（耐用年数の期間）に使用する資産（償却資産＝使用により減耗する資産）の各年分の経費として、行政コスト計算書（PL）に費用計上することです**。なお、その計上経費のことを減価償却費といいます。

この事例では、２億円の建物の取得価額について、当該年度の１年分を計上することになります。簿記の基本的な考え方では、取得価額の２億円を、耐用年数の47年で÷（除）すればいいと思いますが、地方公会計では耐用年数に応じた償却率を使用します。（マニュアルP159別紙４償却率表（定額法））

耐用年数を超えても、資産価値が「０」ではないとして、耐用年数が超えた場合も資産の１割を残存価額として考えます。したがって、取得価額から残存価額を差し引いた金額に、償却率を×（乗）する方法が簿記の基本的な考えです。地方公会計では、減価償却の計算上は、残存価額を「０」として考えます。

CHECK POINT

減価償却の方法は、「定額法」のほかに、「定率法」などいくつかの方法がありますが、地方公会計は原則、定額法です。

減価償却は、期中（「会計期間中」の略）に取得した場合は翌年度から減価償却の対象とします。しかし期中の取得でも、使用の当月または翌月から、月数で減価償却する会計処理も認められています。

特に、毎年の減価償却費の累計（減価償却累計額）は、資産の取得価額を超えることはできず、備忘価額として「１円」を残すことになることに注意しましょう。

2-15 行政コスト計算書❻ 徴収不能引当金繰入額

徴収不能引当金は、税金等の収入が回収できず未収金の状態で、決算の時に徴収不能になる金額を想定して、あらかじめ貸借対照表（BS）に未収金として減額して計上します。併せて、行政コスト計算書（PL）に徴収不能引当金繰入額として当期の費用とするということを覚えましょう。

問題

次の資料を参考にして、X5年度のA市の行政コスト計算書における「徴収不能引当金繰入額」を考えてみましょう。なお今回は、資料から判明する事項以外は考慮しないものとします。

【資料】

1．過去の徴収不納欠損率を用いて、徴収不能引当金を設定。

2．徴収不納欠損率（当年度を含めた５年分の不納欠損決定前の年度末債権残高に対する不納欠損の発生割合）を求め、決算における徴収不能引当金を設定。

	不納欠損決定前の年度末債権残高	不納欠損決定額
X１年度	120,000千円	6,200千円
X２年度	90,000千円	4,200千円
X３年度	110,000千円	5,180千円
X４年度	100,000千円	3,120千円
X５年度	140,000千円	6,500千円

3．決算整理前残高試算表における徴収不能引当金残高は、3,752 千円であった。

[正 解] 2,548千円

[解 説] **徴収不能引当金繰入額は、その徴収不能引当金の当該会計年度の発生額**をいいます。

未収金に係る徴収不能引当金については、合理的な基準により算定することとされています。具体的な事例として不納欠損率を用いた算定方法があります。この方法は債権全体または同種・同類の債権ごとに、債権の状況に応じて求めた過去の徴収の徴収不納欠損率（過去５年間の不納欠損決定額÷過去５年間の不納欠損決定前の年度末債権残高）を乗じることなどが考えられます。（マニュアルP400問48の回答）

計算方法は、下記①～③の順番にしたがって確認して下さい。

①徴収不納欠損率（6,200千円＋4,200千円＋5,180千円＋3,120千円＋6,500千円＝25,200千円）÷（120,000千円＋90,000千円＋110,000千円＋100,000千円＋140,000千円＝560,000千円）＝0.045

②当該年度（X 5年度）に必要な徴収不能引当金
140,000千円×0.045＝6,300千円

③当該年度の徴収不能引当金繰入額
6,300千円－3,752千円（決算整理前徴収不能引当金残高）
＝2,548千円

CHECK POINT

徴収不納欠損率の方法によらず、他の方法（個別債権ごとに判断するなど）により算定できることも覚えておきましょう。

2-16 行政コスト計算書❼ 使用料及び手数料

自治体の収益のほとんどである税収等や国や県の補助金が、純資産変動計算書（NW）に含まれることを学びました。そのうえで、**行政コスト計算書（PL）のうちの「収益」の主なものは、使用料や手数料の収益**だということを理解しましょう。

問題

次の文章は、行政コスト計算書のうち、使用料及び手数料についてまとめたものです。空欄に、下記の語群の中から当てはまる言葉を選んでみましょう。

行政コスト計算書中の、（　ア　）は収益の定義に該当するもののうち、毎会計年度、経常的に発生するものをいいます。

（　ア　）は、（　イ　）およびその他に分類して表示します。

（　イ　）は、自治体がその活動として一定の財・サービスを提供する場合に、当該財・サービスの対価として使用料・手数料の形態で徴収する（　ウ　）をいいます。

その他に分類されるものは、上記以外の（　ア　）をいいます。

（　エ　）は収益の定義に該当するもののうち、臨時に発生するものをいいます。

（　エ　）は、資産売却益およびその他に分類して表示します。

語　群

・特別利益　・経常利益　・売上利益　・税収等
・国県等補助金　・使用料及び手数料　・債権　・金銭
・臨時利益　・経常利益

[正 解] ア　経常収益　　イ　使用料及び手数料　　ウ　金銭
エ　臨時利益

[解 説] 　行政コスト計算書（PL）は、費用と収益の取引高を明らかにするための書類です。この計算書で扱われる内容として、経常費用から使用料及び手数料などの経常収益を差し引いた「純経常行政コスト」です。この純経常行政コストに臨時損失を加え、臨時利益を差し引いたものが「純行政コスト」です。

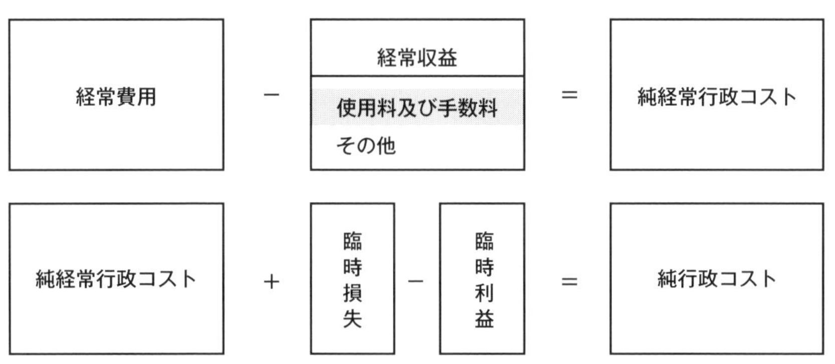

CHECK POINT

自治体の主な収入である「税収等」や「国県等補助金」は、行政コストの経常利益や臨時利益には計上されず、「純資産変動計算書」（NW）の財源となることに注意して下さい。

2-17 純資産変動計算書❶ 税収等

自治体の収益の大半は「税収等」になります。純資産変動計算（NW）では財源の調達といいます。この税収等の「等」にいろいろなものがあります。ここではどのようなものが「等」に含まれるのかを確認していきましょう。

問題

下記の選択肢のうち、純資産変動計算書の財源として「税収等」に区分される記号を選んでみましょう。（マニュアルP106別表6資金仕訳変換表による）

選択肢

ア．市町村民税
イ．地方譲与税
ウ．税交付金
エ．地方特例交付金
オ．地方交付税
カ．分担金及び負担金
キ．国庫支出金
ク．財産収入
ケ．寄附金
コ．特別会計繰入金
サ．延滞金、加算金及び過料等

[正 解] ア．市町村民税　　イ．地方譲与税　　ウ．税交付金
エ．地方特例交付金　　オ．地方交付税
カ．分担金及び負担金　　ケ．寄附金　　コ．特別会計繰入金

[解 説] 「税収等」に区分されるものは、税収入だけではなく、分担金及び負担金、寄附金、特別会計繰入金も含まれます。

なお、キ．の国庫支出金は、純資産変動計算書（NW）中では「国県等補助金」となります。ク．の財産収入とサ．延滞金、加算金及び過料等は、行政コスト計算書（PL）の経常収益の「その他」に区分されます。

特別会計における「国民健康保険料」、「国民健康保険税」、「介護保険料」なども、「税収等」となります。

「税収等」は、実際に収入のあった現金の金額ではないことに注意します。税金等を収入するには、まず「調定」という手続きをします。この時点で、「（借方）未収金××円　（貸方）税収等××円」という仕訳をします。実際に収入があったときには、「（借方）税収等収入××円　未収金××円」ということになり、この時点で、未収金がなくなります。こうして実際に収入すべき「税収等」の金額と、実際に収入のあった「税等収入」がイコールになるということです。

逆に、「税収等」－「税収等収入」＝「未収金」となります。「未収金」がある場合は貸借対照表（BS）に計上されます。

CHECK POINT

官庁会計では、出納整理期間までに収入がない場合は、再度6月1日付で調定がされますが、このときに地方公会計上の「未収金」の仕訳をすると重複してしまうので、地方公会計の仕訳をしないように注意しましょう。

2-18 純資産変動計算書❷ 国県等補助金

自治体の収益の大半が税収等ですが、**国や県などからの補助金も広い意味で住民からの出資**と考えます。したがって、税収等と同じように純資産変動計算書（NW）の収益と考え、財源の調達になることを理解しましょう。

問題

次の文章は、純資産変動計算書のうち、国県等補助金についてまとめたものです。空欄に、下記の語群の中から当てはまる言葉を選んでみましょう。

純資産変動計算書は、会計期間中の自治体の（　ア　）の変動およびその内部構成の変動を明らかにすることを目的として作成します。

純資産変動計算書は、純行政コスト、（　イ　）、固定資産等の変動（内部変動）、資産評価差額、無償所管換等、およびその他に区分して表示します。

（　イ　）は、税収等および（　ウ　）に分類して表示します。
税収等は、地方税、地方交付税および地方譲与税等をいいます。

（　ウ　）は、国庫支出金および都道府県支出金等をいいます。

語　群
・資産　・純資産　・財産　・財源　・現金　・収入
・国県等補助金　・資産売却　・使用料及び手数料

[正解] ア　純資産　　イ　財源　　ウ　国県等補助金

[解説]

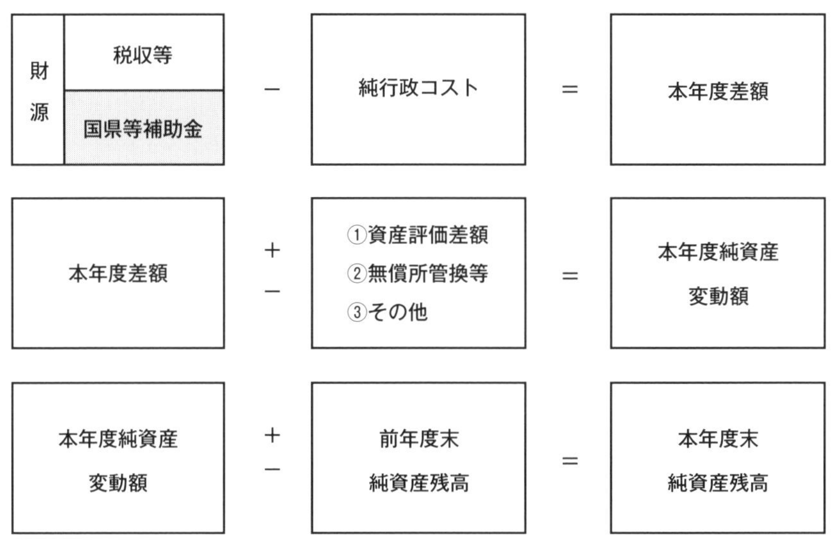

純資産の増加要因は、財源である税収等と国県等補助金です。減少要因は純行政コストです。財源から純行政コストを差し引いたものが「本年度差額」になります。現金の収支を伴わない、純資産の増減である表中段の①「資産評価差額」、②「無償所管換等」、③「その他」などを増減して、本年度の「純資産変動額」となります。ここに「前年度末純資産高」を加えると「本年度末純資産高」です。

CHECK POINT

「本年度末純資産残高」は貸借対照表（BS）の「純資産」に、「純行政コスト」は行政コスト計算書（PL）の「純行政コスト」に対応します。重要なので、必ずチェックしましょう。

2-19 資金収支計算書❶ 人件費支出

ここからは資金収支計算書（CF）の勘定科目を理解しましょう。**資金収支計算（CF）の「資金」とは現行の現金主義会計の「現金」であり、予算や決算と同じ**だと思って下さい。ただし、科目のグループ分けの体系が違います。資金（現金）として支出し、その内容が人件費であれば、人件費支出となります。**資金収支計算書（CF）の支出の勘定科目名には「支出」がつく**ことも覚えておきましょう。

問題

次の文章は、資金収支計算書のうち、人件費支出についてまとめたものです。空欄に、下記の語群の中から当てはまる言葉を選んでみましょう。

資金収支計算書は、自治体の（　ア　）収支の状態、すなわち自治体の内部者（首長、議会、補助機関等）の活動に伴う（　ア　）利用状況および（　ア　）獲得能力を明らかにすることを目的として作成します。資金収支計算書は、（　イ　）、投資活動収支および財務活動収支の三区分により表示します。（　イ　）は（　ウ　）、業務収入、臨時支出および臨時収入に分類して表示します。（　ウ　）は（　エ　）および移転費用支出に分類して表示します。（　エ　）は、（　オ　）、物件費支出、支払利息支出およびその他の支出に分類して表示します。

語　群

・資産　・現金　・資金　・業務活動収支　・経常活動収支
・経常支出　・業務支出　・経常費用支出　・業務費用支出
・人件費支出　・給与等支出　・賃金等支出

[正解] ア　資金　　イ　業務活動収支　　ウ　業務支出
エ　業務費用支出　　オ　人件費支出

[解説]

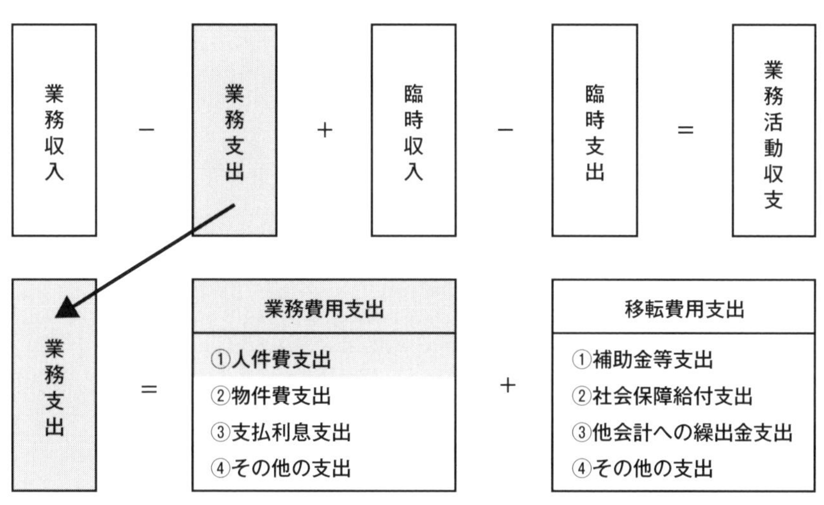

CHECK POINT

人件費支出には、予算科目の「報酬」、「給料」、「職員手当等」、「災害補償費」、「恩給及び退職年金」などが含まれます。退職手当や賞与等も人件費支出となりますが、退職手当引当金や賞与引当金を充当する振替仕訳の場合、人件費支出が減るわけではなく、行政コスト計算書（PL）科目の職員給与費が減額になることに注意しましょう。

2-20 資金収支計算書❷ 物件費等支出

資金収支計算書（CF）の主な支出項目は、物件費等支出です。この「等」がどのようなものなのか、物件費等支出でなければ、どのような勘定科目になるのかを併せて理解しましょう。

問題

次の①～⑩の項目のうち、資金収支計算書の物件費等支出に含まれないものとして、適切なものの組み合わせの番号を１つ選んでみましょう。（マニュアルP106 - 110別表６資金仕訳変換表による）

①消耗品費

②印刷製本費

③通信運搬費

④火災保険料

⑤報酬

⑥報償費

⑦燃料費

⑧資本的支出ではない修繕料

⑨50万円以上の備品購入費

⑩寄附金

選択肢

ア　⑤⑥⑧⑨　　イ　④⑧⑨⑩　　ウ　④⑤⑨⑩
エ　③⑥⑦⑩　　オ　②⑤⑧⑨

[正 解] ウ

[解 説]

④の火災保険料は業務費用支出の「その他の支出」

⑤の報酬は「人件費支出」

⑨50万円以上の備品購入費は「公共施設等整備費支出」

⑩寄附金は移転費用支出の「その他の支出」

物件費等支出となるものとは、具体的に報償費・旅費・交際費・需用費（消耗品費、燃料費、食糧費、印刷製本費、光熱水費、修繕料、賄材料費、飼料費、医薬材料費）・役務費（通信運搬費、保管料、広告費、手数料、筆耕翻訳料）・使用料及び賃借料などです。

CHECK POINT

修繕料・委託料・工事請負費・公有財産購入費などの支出内容が、資産形成（建物など、「資産」として貸借対照表（BS）に計上されるもの）につながらないものは「物件費等支出」になります。

行政コスト計算書（PL）には、「物件費等」の内訳として、「物件費」や「維持補修費」などがありますが、資金収支計算書（CF）には内訳はなく、「物件費等」の勘定科目となります。特に、修繕料や工事請負費などで維持補修に該当する場合の仕訳は、「（PL）維持補修費××円　（CF）物件費等支出××円」になることに注意です。物件費の場合も、「（PL）物件費××円　（CF）物件費等支出××円」となり、（CF）のみ、科目名に「等」があるので注意して下さい。

2-21 資金収支計算書❸ 税収等収入

資金収支計算書（CF）の「税収等収入」は、純資産変動計算書（NW）の「税収等」で収益（調定行為をした）としたものが、実際に収入されたときの勘定科目であることを理解しましょう。

問題

次の資料を参考にして、A市の当期の資金収支計算書に計上する税収等収入の正しい金額の選択肢を1つ選んでみましょう。なお今回は、資料から判明する事項以外は考慮しないものとします。

【資料】

①税収等収入の前期以前分の未収金5,000千円がある。

②当期の税収等収入の調定金額は80,000千円 である。

③前期以前分の未収金のうち3,000千円が収納された。

④当期分の調定額のうち75,000千円が収納された。

⑤前期以前分未収金2,000千円を不納欠損とし、全額徴収不能引当金を取り崩した。

⑥当期分の調定誤りがあり収納済みの1,000千円を返還した。

選択肢

ア　80,000千円　　イ　73,000千円　　ウ　81,000千円
エ　77,000千円　　オ　75,000千円

[正解] エ　7,700千円

[解説] 　資料の内容から、①税収等収入の未収金5,000千円があることがわかります。この時点では、貸借対照表（BS）の借方である資産に未収金がある状態だということです。②～⑥は、下記のように仕訳を整理できます。

②調定時の仕訳

（BS）未収金　80,000千円　　（NW）税収等　80,000千円

③前期分の未収金が収納

（CF）税収等収入　3,000千円　（BS）未収金　3,000千円

④当期分の未収金が収納

（CF）税収等収入　75,000千円　（BS）未収金　75,000千円

⑤不納欠損の処理

（BS）徴収不能引当金　2,000千円　（BS）未収金　2,000千円

⑥調定誤りによる返還処理（収納済）

（NW）税収等　1,000千円　**（CF）税収等収入　1,000千円**

以上から、当期の税収等収入は、下記のとおり求められます。
③3,000千円＋④75,000千円－⑥1,000千円＝77,000千円

CHECK POINT

資金収支計算書（CF）の税収等収入は、調定された年度ではなく、あくまで税収等が「現金で収納されたとき」の年度の資金収支計算書（CF）に計上されます。調定された年度は純資産変動計算書（NW）の財源の調達として「税収等」に計上されます。今回の問題では、前年度分も「未収金」としましたが、当該年度に収入できず、滞納繰越調定をした場合の収入未済は、「長期延滞債権」となり貸借対照表（BS）の固定資産に計上されます。

2-22 資金収支計算書❹ 使用料及び手数料収入

行政コスト計算書（PL）の「使用料及び手数料」として調定行為をした金額が、実際に収入されたときの勘定科目です。併せて、資金収支計算書（CF）での体系を理解し、その中での位置を確認しましょう。

問題

次の文章は、資金収支計算書のうち、使用料及び手数料収入についてまとめたものです。空欄に、下記の語群の中から、当てはまる言葉を選んでみましょう。

資金収支計算書は、（　ア　）、投資活動収支および財務活動収支の三区分により表示します。

（　ア　）は業務支出、（　イ　）、臨時支出および臨時収入に分類して表示します。

（　イ　）は税収等収入、国県等補助金収入、（　ウ　）およびその他の収入に分類して表示します。

国県等補助金収入は、国県等補助金のうち、業務支出の財源に充当した収入をいいます。

（　ウ　）は、（　エ　）及び（　オ　）収入をいいます。

語　群

・営業活動収支　・業務活動収支　・経常活動収支
・経常収入　・業務収入　・使用料及び手数料収入
・分担金及び負担金　・使用料及び分担金　・使用料
・分担金　・負担金　・手数料

[正解] ア　業務活動収支　　イ　業務収入
ウ　使用料及び手数料収入　　エ　使用料　　オ　手数料

[解説]

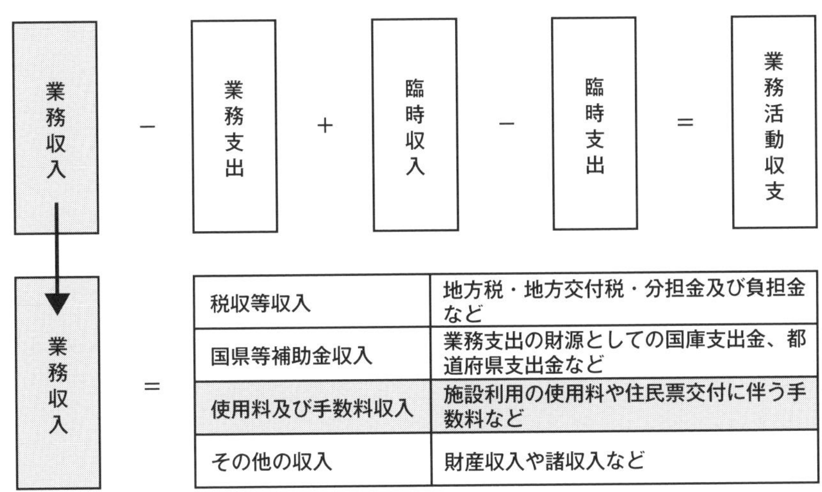

税収等収入	地方税・地方交付税・分担金及び負担金など
国県等補助金収入	業務支出の財源としての国庫支出金、都道府県支出金など
使用料及び手数料収入	施設利用の使用料や住民票交付に伴う手数料など
その他の収入	財産収入や諸収入など

CHECK POINT

使用料とは、行政財産の目的外使用または公の施設の使用の対価として、その利益を受ける者から徴収するものです。手数料とは、住民票や戸籍謄抄本などの自治体の特定の行政サービスを受ける者から徴収するものです。違いがあるので、予算科目上は別々に管理しています。

2-23 資金収支計算書❺ 公共施設等整備費支出

公共施設等整備費支出は、資金収支計算書（CF）の中でも重要な勘定科目となります。名前から公共施設の整備をした支出であることがわかりますが、ここでも「公共施設等」の「等」が付いていることからわかるように、**その支出内容の範囲は資産形成につながるもの**もあることをしっかり確認していきましょう（2－20CHECK POINT参照）。

問題

次の文章は、資金収支計算書のうち、公共施設等整備費支出についてまとめたものです。空欄に、下記の語群の中から当てはまる言葉を選んでみましょう。

資金収支計算書は、業務活動収支、（　ア　）および財務活動収支の三区分により表示します。

（　ア　）は（　イ　）および投資活動収入に分類して表示します。

（　イ　）は（　ウ　）、基金積立金支出、投資及び出資金支出、貸付金支出およびその他の支出に分類して表示します。

（　ウ　）は（　エ　）の形成に係る支出をいいます。

（　エ　）の形成とは、工事請負費による事業用建物の建築工事や公有財産購入費による土地の購入などが該当します。

なお、工事請負費であっても（　オ　）の支出の場合は資産形成につながらない支出となり、（　ウ　）にはなりません。

語　群

・資産変動収支　・投資活動収支　・資産整備等支出
・投資活動支出　・公共施設等整備費支出　・無形固定資産
・投資資産　・有形固定資産等　・維持補修費
・国庫補助対象

[正解] ア　投資活動収支　　イ　投資活動支出
ウ　公共施設等整備費支出　　エ　有形固定資産等
オ　維持補修費

[解説]

投資活動収入			投資活動支出			投資活動収支
	国県等補助金収入			公共施設等整備費支出		
	基金取崩収入			基金積立金支出		
	貸付金元金回収収入	−		投資及び出資金支出	＝	
	資産売却収入			貸付金支出		
	その他の収入			その他の支出		

CHECK POINT

資産形成につながる支出が「公共施設等整備費支出」となりますが、その対象となる予算科目は多岐にわたるので、間違えないようにしっかり理解する必要があります。主な事例は下記のとおりです。

予算科目	借方		貸方	
修繕料	BS	建物（事業用資産）	CF	公共施設等整備費支出
委託料	BS	ソフトウェア	CF	公共施設等整備費支出
委託料	BS	建設仮勘定（インフラ資産）	CF	公共施設等整備費支出
工事請負費	BS	工作物（インフラ資産）	CF	公共施設等整備費支出
公有財産購入費	BS	土地（事業用資産）	CF	公共施設等整備費支出
備品購入費	BS	物品	CF	公共施設等整備費支出
補償、補填及び賠償金	BS	土地（事業用資産）	CF	公共施設等整備費支出

2-24 資金収支計算書❻ 基金積立金支出

自治体の貯金に相当するものとして、貸借対照表（BS）に計上される基金（財政調整基金、減債基金、その他の基金・積立金）を積み立てをするときに、実際に現金を支払った時の勘定科目になります。貸借対照表（BS）では基金の種類により勘定科目が異なり、表示場所も異なりますが、資金収支計算書（CF）では同じ勘定科目になります。

問題

次の文章は、資金収支計算書のうち、基金積立金支出についてまとめたものです。空欄に、下記の語群の中から当てはまる言葉を選んでみましょう。

資金収支計算書の投資活動支出は、公共施設等整備費支出、（　ア　）、投資及び出資金支出、貸付金支出およびその他の支出に分類して表示します。

地方自治法第241条の規定に基づき、「地方公共団体は、（　イ　）の定めるところにより、特定の目的のために財産を維持し、（　ウ　）を積み立て、又は定額の（　ウ　）を運用するための（　エ　）を設けることができる。」とされています。

（　エ　）に対する経費の歳出予算に係る節の支出科目は（　オ　）になります。

語　群

・積立金支出　・基金支出　・基金積立金支出　・法律
・条例　・規則　・資金　・現金　・預金　・基金　・貯金
・積立金

[正 解] ア　基金積立金支出　　イ　条例　　ウ　資金　　エ　基金
オ　積立金

[解 説] 「基金積立金支出」は、基金積立に係る支出のことです。資金収支計算書（CF）では、基金の種類によらず、「基金支出積立金支出」と勘定科目を使用します。なお、仕訳の際には、基金の種類により仕訳の内容について区分する必要があります。

予算科目	借方		貸方	
財政調整基金	BS	財政調整基金	CF	基金積立金支出
減債基金（長期）	BS	減債基金（固定資産）	CF	基金積立金支出
減債基金（短期）	BS	減債基金（流動資産）	CF	基金積立金支出
その他の基金・積立金	BS	その他（基金）	CF	基金積立金支出

流動資産・固定資産を分類する際の判断基準は、原則として１年基準とされています。

しかし基金については、その「性質」で勘定科目を定めており、財政運営上弾力的に取り崩される「財政調整基金」は「流動資産」として、特定の目的のために取り崩される「その他の基金」は「固定資産」として、分類します。

CHECK POINT

「減債基金」は、固定資産になるものと流動資産になるものがあるので注意が必要です。減債基金は、地方債の返済という観点から、紐づけが可能なものであれば、固定負債の「地方債」から流動負債の「１年内償還予定地方債」に振り替えます。

2-25 資金収支計算書❼ 貸付金支出

貸借対照表（BS）の短期貸付金および長期貸付金として、実際に現金を支出した場合の勘定科目が、資金収支計算書（CF）の貸付金支出となることを理解しましょう。これを踏まえて問題を解いてみましょう。

問題

次の資料を参考にして、A市の当期の資金収支計算書に計上する貸付金支出の正しい金額の選択肢を1つ選んでみましょう。なお今回は、資料から判明する事項以外は考慮しないものとします。

【資料】
①前年度分貸借対照表に計上されている貸付金
長期貸付金　10,000千円　短期貸付金3,000千円

②当期に新たに5,000千円の長期の貸付を行った。

③②の貸付金の中に貸付費用が500千円含まれていたので修正仕訳を行った。

④短期貸付金2,000千円が回収された。

⑤長期貸付金3,000千円を短期貸付金に振り替えた。

⑥長期貸付金について500千円の徴収不能引当金を設定した。

選択肢
ア　5,000千円　イ　7,000千円　ウ　4,500千円
エ　12,000千円　オ　4,000千円

[正 解] ウ　4,500千円

[解 説] 資料の内容から、①前年度分の長期貸付金10,000千円、短期貸付金3,000千円があるとわかります。これは、この時点では貸借対照表（BS）の借方である「資産」に、貸付金がある状態ということです。

（単位：千円）

番号	借方 財務書類	借方 勘定科目	借方 金額	貸方 財務書類	貸方 勘定科目	貸方 金額
②	BS	長期貸付金	5,000	CF	貸付金支出	5,000
③	CF	貸付金支出	500	BS	長期貸付金	500
	PL	その他（その他の業務費用）	500	CF	その他の支出（業務費用支出）	500
④	CF	貸付金元金回収収入	2,000	BS	短期貸付金	2,000
⑤	BS	短期貸付金	3,000	BS	長期貸付金	3,000
⑥	PL	徴収不能引当金繰入額	500	BS	徴収不能引当金	500

以上のように、「貸付金支出」は、②と③の取引が該当します。

すなわち、貸付金支出の貸方が「支出」ということです。

したがって、貸付金支出＝②5,000千円－③500千円＝4,500千円が正解です。

なお、③のうちの貸付費用は貸付金の貸借対照表（BS）での資産計上ではなく、行政コスト計算書（PL）の費用計上になります。⑥の徴収不能引当金の設定の時は、設定額を当期の費用計上にするとともに、徴収不能引当金として負債計上します。最終的に不納欠損により債権を放棄したときには、徴収不能引当金と長期貸付金を相殺します。

CHECK POINT

自治体が、住民等に住宅資金や育英資金などで金銭の貸付をする場合があります。金銭の流れをしっかりと仕訳することにより、貸付金の状況がわかります。

2-26 資金収支計算書❽ 国県等補助金収入(投資活動収入)

国や県からの補助金は、純資産変動計算書（NW）に財源の調達として「国県等補助金」として表示されますが、実際に現金の収入があったときには資金収支計算書（CF）の国県等補助金収入となります。表示箇所が、補助金の内容により異なることに気を付けましょう。公共施設の建設などの補助金は、投資活動収入となります。

問題

次の文章は、資金収支計算書のうち、国県等補助金収入についてまとめたものです。空欄に、下記の語群の中から当てはまる言葉を選んでみましょう。

資金収支計算書の投資活動収入は、(　ア　)、基金取崩収入、貸付金元金回収収入、資産売却収入およびその他の収入に分類して表示します。

(　ア　) は国県等補助金のうち、(　イ　) の (　ウ　) に充当した収入をいいます。

国県等補助金の予算科目としては (　エ　) と都道府県支出金等に区分されています。

(　エ　) および都道府県支出金は (　オ　)、補助金および委託金に区分されています。

語　群

・他団体補助金収入　・国県等補助金収入
・国県等建設補助金収入　・投資活動支出　・建設活動支出
・業務支出　・財源　・建設費用　・行政活動
・国庫支出金　・政府支出金　・寄附金　・支援金　・負担金

[正解] ア　国県等補助金収入　　イ　投資活動支出　　ウ　財源
エ　国庫支出金　　オ　負担金

[解説] **「国県等補助金収入」は、「投資活動支出」の財源に充当した場合は、資金収支計算書（CF）の「投資活動収支」の「投資活動収入」として計上**されます。収入の内容により、国県等補助金収入が業務活動の財源に充当した場合は、資金収支計算書（CF）の「業務活動収支」の「業務収入」として計上されます。国県等補助金の財源が臨時的な場合は、業務活動収支の「臨時収入」として計上されます。なお、国県等補助金は次のように区分することができます。

国庫支出金	負担金	国庫負担金は、法律または政令で、負担の割合が定められている	生活保護費負担金、災害復旧事業費負担金など
	補助金	国庫補助金は、国が自治体の施設または事業を奨励発展するために財政上特に必要がある場合に支出される	社会保障・税番号制度システム整備費補助金、災害復旧事業補助金など
	委託金	本来的に国が実施すべき事務を自治体が実施するのに必要な経費をついて交付される	自衛官募集事務委託金、基礎年金事務費交付金など
都道府県支出金	都道府県支出金は都道府県が市町村に対して交付するもので、国庫支出金と同様に負担金、補助金および委託金の3種がある。その性質や取扱いは国庫支出金と同様		

CHECK POINT

投資活動収入としての国県等補助金収入は、公共施設等の建設等の財源として活用されていますが、公共施設等については維持管理等に継続的な財源が必要になることも考える必要があります。

2-27 資金収支計算書❾ 地方債発行収入

地方債は、自治体の借金であり、貸借対照表（BS）の負債に計上されます。実際に現金の収入があったときに資金収支計算（CF）では「地方債発行収入」という勘定科目を使用することを覚えましょう。

問題

次の文章は、資金収支計算書のうち、地方債発行収入についてまとめたものです。空欄に、下記の語群の中から当てはまる言葉を選んでみましょう。

資金収支計算書は、業務活動収支、投資活動収支および（　ア　）の三区分により表示します。

（　ア　）は、財務活動支出および（　イ　）に分類して表示します。

（　イ　）は、（　ウ　）およびその他の収入に分類して表示します。

（　ウ　）は（　エ　）発行による収入をいいます。

（　エ　）を発行するには、（　エ　）の発行（起債）の目的、限度額、起債の方法、利率および償還の方法は（　オ　）で定めることとされています。

語　群

・財政活動収支　・財務活動収支　・財政活動収入
・財務活動収入　・債権発行収入　・地方債発行収入
・債権　・地方債　・規則　・予算

[正解] ア　財務活動収支　　イ　財務活動収入　　ウ　地方債発行収入
エ　地方債　　オ　予算

[解説]

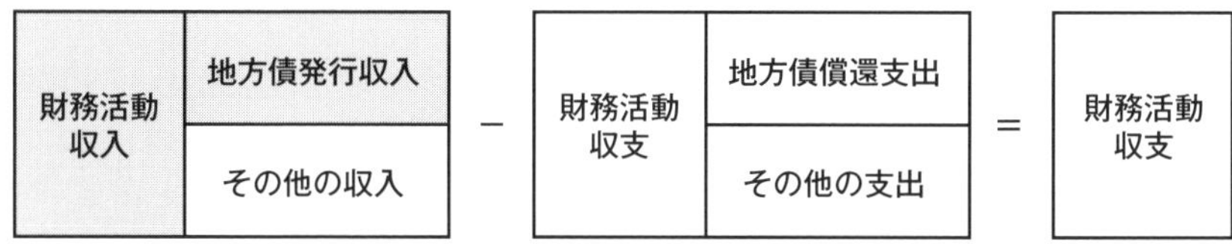

「財務活動収支」は、当該年度の地方債の発行（収入）および地方債の償還（支出）の状況を表しています。地方債の発行よりも地方債の償還が多い場合には、財務活動収支がマイナスです。財務活動収支がプラスの場合は、地方債が増加しているため、今後の地方債などの償還財源の確保について、十分に留意する必要があります。

地方債の発行について、地方財政法第５条に地方債の制限という規定があります。自治体の歳出は、地方債以外の歳入をもってその財源としなければならないのが原則です。この原則の例外の主なものとして、学校その他の文教施設、保育所、消防施設、道路、河川等の建設の場合が例外として、地方債を財源とすることができます。

CHECK POINT

地方債発行収入は「収入」ですが、借金をしているということでもあります。この指標としてプライマリーバランス（マニュアルP331）があり、これらにも留意する必要があります。

2-28 帳簿等❶ 仕訳帳

仕訳帳は帳簿の基本です。簿記はここから始まります。いままでの復習になりますが、**仕訳とは、取引を「勘定科目」を使って「借方（左側）」と「貸方（右側）」に分けること**です。**この仕訳を日付順に記録するのが仕訳帳**です。この仕訳帳の記録が誤りだと、ここから転記してつくられるいろいろな帳簿が間違ってしまうので、しっかり理解しましょう。

問題

次の文章は、帳簿等のうち仕訳帳についてまとめたものです。空欄に、下記の語群の中から当てはまる言葉を選びましょう。

地方公会計の統一的な基準では、「財務書類は、公会計に固有の会計処理も含め、総勘定元帳等の会計帳簿から（　ア　）に作成」することとしています。

（　イ　）は、財務書類を作成するうえでの最小単位です。

（　イ　）は日々の（　ウ　）を発生順に記録した（　エ　）の綴りまたはこれを転記した帳簿であり、一件ごとに借方・（　オ　）に仕訳されます。なお、期末に一括して仕訳を生成する処理方法を採用することも認められています。

（　イ　）は、（　カ　）、歳計外現金データ、各種原簿・台帳の原情報から作成されます。

語群

・参考　・誘導的　・具体的　・入出金帳　・仕訳帳
・日計表　・活動　・取引　・入出金　・仕訳伝票
・振替伝票　・入金及び出金伝票　・右側　・左側　・貸方
・歳入歳出データ　・決算書

[正解] ア　誘導的　　イ　仕訳帳　　ウ　取引　　エ　仕訳伝票
オ　貸方　　カ　歳入歳出データ

[解説]　仕訳帳データの例は下記のとおりです（マニュアルP105を筆者一部修正）。

【5月1日に職員給与費3,000万円を支払った場合】

予算執行データ（現金取引）　　（単位：万円）

NO	予算科目	日付	件名	出納金額	担当課
10	123-45-6	5月1日	職員給与費	3,000	○○課

【上記の予算執行データに複式仕訳を追記する場合】

（単位：万円）

日付	財務書類	借方		財務書類	貸方	
		勘定科目	金額		勘定科目	金額
5月1日	PL	職員給与費	3,000	CF	人件費支出	3,000

本書では、上記を仕訳帳としています。

CHECK POINT

歳入歳出データは、システムで処理を行うことが一般的です。職員が手書きで仕訳帳を作成することはないと思いますが、ぜひ仕訳帳のひな型は理解して下さい。

予算科目は相当数にのぼりますが、そのほとんどについて予算科目の階層（節や細節など）に着目すれば、勘定科目が特定され、仕訳の内容がわかるようになります。

2-29 帳簿等❷ 総勘定元帳

総勘定元帳は、仕訳帳で記帳された勘定科目ごとに記録していく帳簿です。このことを、**「仕訳帳から総勘定元帳に転記する」**といいます。総勘定元帳の勘定科目が、借方の科目なら、借方から貸方の金額を引いたものが、その勘定科目の残高になります。簿記特有の用語を含めて、このあたりは慣れるまでたいへんですが、頑張りましょう。

問題

次の文章は、帳簿等のうち総勘定元帳についてまとめたものです。空欄に、下記の語群の中から当てはまる言葉を選びましょう。

取引をすることにより、資産・負債・純資産・費用・収益の内容が増減していくのを（　ア　）というものに記録していきます。

（　ア　）は、内容により具体化、細分化され１つの計算単位となり、これを（　イ　）といいます。

この（　イ　）の増減の計算を行うための帳簿を（　ウ　）といい、その（　ウ　）に設けられた（　ア　）を（　エ　）といいます。

すなわち、仕訳帳は借方・貸方の（　イ　）・金額を記載するのに対し、（　ウ　）は仕訳の貸方・借方を（　エ　）ごとに並べ替えて集約したものであり、仕訳帳から（　オ　）して作成されます。

語　群
・勘定　・口座　・勘定口座・　差引簿　・勘定科目
・予算科目　・純勘定科目　・総勘定科目　・転記　・計算

[正解] ア　勘定　　イ　勘定科目　　ウ　総勘定元帳　　エ　勘定口座
オ　転記

[解説]　前項2-28の解説の仕訳帳を総勘定元帳に転記すると、下記のようになります。

○行政コスト計算書【職員給与費】　(単位:万円)

日付	勘定科目	借方	貸方	残高
5月1日	(CF)人件費支出	3,000		3,000

○資金収支計算書【人件費支出】　(単位:万円)

日付	勘定科目	借方	貸方	残高
5月1日	(PL)職員給与費		3,000	3,000

仕訳帳には、取引を２つの要素に分けて記載しました。しかし**総勘定元帳では、それぞれの勘定科目ごとに転記**していきます。

仕訳帳のひな型には、財務書類の種類の欄を設けましたが、総勘定元帳では勘定科目の最初に財務書類の略称を記載します。上段は行政コスト計算書(PL)の職員給与費の総勘定元帳です。この職員給与費は費用の勘定科目なので、もともとは借方にあります。職員給与費の仕訳のときの対となる勘定科目、すなわち資金収支計算書（CF）の「人件費支出」を勘定科目の欄に記載します。借方と貸方の記載の仕方はこの場合の勘定科目が職員給与費であり、この勘定科目を仕訳の際、借方に記載したので、借方に3,000万円と転記して、残高が3,000万円と記します。

今度は下段の、資金収支計算書（CF）の人件費支出の総勘定元帳を見ましょう。この勘定科目は現金預金の減少、つまり貸方にある勘定科目です。仕訳のときの対となる勘定科目は行政コスト計算書（PL）の職員給与費となりますので、勘定科目の欄に記入します。人件費支出は現金預金の減少として貸方3,000万円と転記して、残高が3,000万円となります。

CHECK POINT

例えば、上記解説の転記による総勘定元帳で、職員給与費の残高がマイナスになるとしたら、転記を間違えたとわかります。簿記は「検証性がある」といえます。

2-30 帳簿等❸ 合計残高試算表

ここから決算時の作業です。まず**総勘定元帳から数字を転記し「試算表」を作成**し、仕訳の内容の転記ミス、計算ミスを確かめます。**総勘定元帳の借方と貸方の合計を集計した「合計試算表」、それぞれの勘定科目の残高のみを集計した「残高試算表」、これらを合わせた「合計残高試算表」**を覚えましょう。

問題

次の資料を参考にして、合計残高試算表を完成させましょう。資金収支計算書の勘定科目は、貸借対照表の「現金預金」です。なお今回は、資料から判明する事項以外は考慮しないものとします。

【資料】
■前年度末残高
未収金500万円、未払金100万円、純資産400万円
■本年度取引
①職員給与費支払3,000万円（前年度未払金100万円含む）
②税収等収入5,000万円（前年度未収金400万円含む）
③未払金（職員給与費）50万円、未収金（税収等）100万円

○合計残高試算表
（単位：万円）

勘定科目		前年度末残高		本年度計上額		本年度末残高	
		借方	貸方	借方	貸方	借方	貸方
BS	未収金						
BS	現金預金						
BS	未払金						
PL	職員給与費						
NW	税収等						
BS	純資産						
合計							

[正解]

○合計残高試算表

（単位：万円）

勘定科目		前年度末残高		本年度計上額		本年度末残高	
		借方	貸方	借方	貸方	借方	貸方
BS	未収金	500		100	400	200	
BS	現金預金			5,000	3,000	2000	
BS	未払金		100	100	50		50
PL	職員給与費			2,950		2,950	
NW	税収等				4,700		4,700
BS	純資産		400				400
	合計	500	500	8,150	8,150	5,150	5,150

[解説]

前年度分残高の仕訳をすると、以下のようになります。

(BS) 未収金	500万円	(BS) 未払金	100万円
		(BS) 純資産	400万円

次に、本年度取引の仕訳は、以下のように整理できます。

①	(PL) 職員給与費	2,900万円	(BS) 現金預金	3,000万円
	(BS) 未払金	100万円		
②	(BS) 現金預金	5,000万円	(BS) 未収金	400万円
			(NW) 税収等	4,600万円
③	(PL) 職員給与費	50万円	(BS) 未払金	50万円
	(BS) 未収金	100万円	(NW) 税収等	100万円

CHECK POINT

合計残高試算表は、仕訳帳から総勘定元帳への転記が正確に行われたのを検証します。借方と貸方の合計は同じになります。

2-31 精算表

仕訳帳（2-28参照）では日付順に取引を仕訳し、総勘定元帳では勘定科目別にまとめ、合計残高試算表では内容を確認しました。ここから決算日の日付で簿記特有の決算整理という仕訳を行います。これをまとめたのが精算表です。

問題

次の資料を参考にして、下の精算表（貸借対照表部分）を完成させてみましょう。なお今回は、資料から判明する事項以外は考慮しないものとします。※当期の純資産の増減は考慮する。

【資料】

○合計残高試算表

（単位：万円）

勘定科目		前年度末残高		本年度計上額		本年度末残高	
		借方	貸方	借方	貸方	借方	貸方
BS	未収金	500		100	400	200	
BS	現金預金			5,000	3,000	2000	
BS	未払金		100	100	50		50
PL	職員給与費			2,950		2,950	
NW	税収等				4,700		4,700
BS	純資産		400				400
	合計	500	500	8,150	8,150	5,150	5,150

○精算表（一部）（貸借対照表部分）

（単位：万円）

勘定科目		本年度期首残高		本年度計上額		本年度末残高	
		借方	貸方	借方	貸方	借方	貸方
BS	未収金						
BS	現金預金						
BS	未払金						
BS	純資産						
	合計						

[正 解]

○精算表(一部)(貸借対照表部分)　(単位:万円)

勘定科目		本年度期首残高		本年度計上額		本年度末残高	
		借方	貸方	借方	貸方	借方	貸方
BS	未収金	500		100	400	200	
BS	現金預金			5,000	3,000	2,000	
BS	未払金		100	100	50		50
BS	純資産		400		1,750		2,150
	合計	500	500	5,200	5,200	2,200	2,200

[解 説]

合計残高試算表の「前年度末残高」と、精算表の「本年度期首残高」は同じ額になります。期首とは会計期間の最初の日、つまり4月1日になります。次に会計期間中の取引額として、合計残高試算表の「本年度計上額」を精算表の「本年度計上額」にそのまま転記します。

最後に本年度末残高を求めます。問題文から、精算表の貸借対照部分を見れば、例えば未収金であれば、期首残高の500万円に当期の増加額100万円を加え、また当期の減少額400万円を差し引いた金額が200万円になり、この金額が本年度末残高となります。

ここで、純資産の本年度計上額の計算には注意が必要です。当該年度の純資産が増加したのか減少したのかをみてみましょう。

当期の純資産の増加要因として純資産計算書（NW）税収等の4,700万円があることに着目します。また、減少要因は行政コスト計算書（PL）職員給与費2,950万円があります。このことから、4,700万円から2,950万円を差し引いた1,750万円が純資産の増加となり、本年度計上額の貸方に1,750万円を記載します。本年度期首残高の400万円を加えると、純資産の本年度末残高は2,150万円になることがわかると思います。

CHECK POINT

精算表は、試算表（残高）の数字に決算整理（引当金や減価償却費の計上等）の仕訳を反映して、行政コスト計算書（PL）と貸借対照表（BS）を作る過程の一覧表です。

2-32 貸借対照表(BS)

精算表まで完成すれば、次はいよいよ財務書類の作成です。精算表までの一連の帳票は、簿記の知識がないと理解できないものです。そこで、**簿記の知識がなくてもわかるように作るのが財務書類**です。ただし、貸借対照表（BS）だけは「勘定式」といって、簿記の勘定科目のルールにのっとり、左側の「借方」に資産の部、右側の「貸方」に負債の部、純資産の部として、それぞれの勘定科目を並べて作成します。**ここでは、借方、貸方とは表現をしません**。

問題

次の資料を参考にして、表中のア～ウの空欄に当てはまる金額を入れ、A市の当期の貸借対照表を完成させましょう。なお今回は、資料から判明する事項以外は考慮しないものとします。

【資料】

■当期の財務書類より

① （PL） 純行政コスト 800百万円
② （NW） 本年度末純資産残高 4,000百万円
③ （CF） 本年度末資金残高 200百万円
④ （CF） 本年度末歳計外現金残高 10百万円

○貸借対照表　（単位：百万円）

資産の部	金額	負債の部	金額
資産 うち現金預金	（ア） （イ）	負債	1,000
		純資産の部	
		純資産	（ウ）

[正 解] ア　5,000　　イ　210　　ウ　4,000

[解 説]

○貸借対照表　(単位:百万円)

資産の部	金額	負債の部	金額
資産 うち現金預金	5,000 210	負債	1,000
		純資産の部	
		純資産	4,000

資料①（PL）の純行政コストは、貸借対照表（BS）の純資産の減少要因です。しかしその計算は、純資産変動計算書（NW）で行います。資料②に最終的な純資産残高が示されていることから、貸借対照表（BS）の純資産（ウ）は4,000百万円となります。負債1,000百万円＋純資産4,000百万円＝5,000百万円となり、これは資産（ア）の金額です。

資産の部の現金預金はそれぞれ、資料③（CF）の本年度末資金残高200百万円に、資料④（CF）の本年度末歳計外現金残高10百万円を加えた210百万円になります。

CHECK POINT

財務書類は相互関係があります。貸借対照表(BS)の「純資産」の金額は、純資産変動計算書（NW）の「本年度末純資産残高」と対応します。現金預金は、歳計外現金を含むことにも注意しましょう。

2-33 行政コスト計算書(PL)

行政コスト計算書（PL）は、精算表の中の行政コストの勘定科目の内容を、わかりやすくグループに分けて説明する「報告式」という形で作成します。すなわち、「経常費用」グループから「経常収益」グループを差し引いたものを「純経常コスト」として、「臨時損失」グループや「臨時利益」グループを増減し、本当の「純行政コスト」の額を報告するものと覚えておきましょう。

問題

次の資料を参考にして、A市の当期の行政コスト計算書の「純経常行政コスト」および「純行政コスト」の金額を求めてみましょう。なお今回は、資料から判明する事項以外は考慮しないものとします。

【資料】
○精算表(一部)　(単位:百万円)

勘定科目		本年度末残高	
		借方	貸方
PL	職員給与費	1,200	
PL	物件費	1,000	
PL	減価償却費	250	
PL	補助金等	350	
PL	他会計への繰出金	400	
PL	災害復旧事業費	50	
PL	資産除売却損	200	
PL	使用料及び手数料		300
PL	資産売却益		20

■純経常行政コスト　(　ア　)　百万円
■純行政コスト　(　イ　)　百万円

[正解] ア　2,900　　イ　3,130

[解説]

■純経常行政コスト（2,900百万円）＝経常費用－経常収益

経常費用	職員給与費	1,200
	物件費	1,000
	減価償却費	250
	補助金等	350
	他会計の繰出金	400
	計	3,200

－

経常収益	使用料及び手数料	300
	計	300

＝

純経常行政コスト
2,900

■純行政コスト（3,130百万円）＝純経常行政コスト＋臨時損失－臨時利益

純経常行政コスト
2,900

＋

臨時損失	
災害復旧事業費	50
資産除売却損	200
計	250

－

臨時利益	
資産売却益	20

＝

純行政コスト
3,130

CHECK POINT

経常費用と臨時損失、経常収益と臨時利益の内容を理解しましょう。特に、経常費用のその他の業務費用（徴収不能引当金繰入額➡税収などの債権の繰入額）と、臨時損失（投資損失引当金繰入額➡出資金などの債権の繰入額・損失補償等引当金繰入額➡将来の負担となるような場合）などは、言葉の意味を含めて理解する必要があります。

・投資損失引当金…投資及び出資金の実質価格が著しく低下した場合に計上する引当金

・損失補償等引当金…第三セクター等の債務のうち、将来自治体の負担となる可能性がある場合に計上する引当金

上記引当金の当該年度分の費用を繰入額といい、通常発生しないことから臨時損失となります。

2-34 純資産変動計算書(NW)

純資産変動計算書（NW）は、貸借対照表（BS）の純資産の変動内訳です。まず、前年度末の純資産高（貸借対照表（BS）と純資産変動計算書（NW））の金額に、精算書の中の純資産の増加項目である「税収等」「国県等補助金」は、財源という形でプラスします。純資産の減少になる行政コスト計算書（PL）の純行政コスト（通常はマイナス）をマイナスします。そして、現金預金の増減を伴わない資産評価額等を加減して、本年度末純資産残高を計算します。

問題

次の資料を参考にして、A市の当期の純資産変動計算書の「前年度末純資産残高」、「本年度差額」、「本年度純資産変動額」、「本年度末純資産残高」の金額を求めてみましょう。なお今回は、資料から判明する事項以外は考慮しないものとします。

【資料】

①前期末のBSの資産	4,000百万円
②前期末のBSの負債	1,000百万円
③当期のPLの純経常行政コスト	500百万円
④当期のPLの純行政コスト	600百万円
⑤当期のNWの財源（税収等）	300百万円
⑥当期のNWの財源（国県等補助金）	200百万円
⑦当期のNWの資産評価差額	△20百万円
⑧当期のNWの無償所管換等	10百万円

■前年度末純資産残高　（　ア　）百万円
■本年度差額　（　イ　）百万円
■本年度純資産変動額　（　ウ　）百万円
■本年度末純資産残高　（　エ　）百万円

[正解] ア 3,000　イ △100　ウ △110　エ 2,890

[解説]

○純資産変動計算書 （単位：百万円）

前年度末純資産残高	3,000	A	
純行政コスト(△)	△600	B	
財源	500	C	＝D＋E
税収等	300	D	
国県等補助金	200	E	
本年度差額	△100	F	＝B＋C
固定資産等の変動(内部変動)	－	G	
資産評価額	△20	H	
無償所管換等	10	I	
その他	0	J	
本年度純資産変動額	△110	K	＝F＋H＋I＋J
本年度末純資産残高	2,890	L	＝A＋K

NW純資産＝BS純資産＝BS資産－BS負債という相関関係を理解すれば、アの前年度末純資産残高（A）は、前年度末の貸借対照表（BS）の資産4,000百万円－負債1,000百万円＝3,000百万円となります。

本年度差額は、行政コスト計算書（PL）の臨時損益を加えた純行政コストを、どれだけ財源（税収等・国県等補助金で）で賄えたか、ということです。

本年度差額に、資産評価額や無償所管換などの現金等の支出を伴わない純資産増減を加えて「本年度純資産変動額」（K）が求められます。この数値に前年度末純資産残高を加え、「本年度末純資産残高」（L）が求められます。なお、純資産変動計算書（NW）は内部変動である「固定資産の変動」（G）も記載しなければならず難しいので、今回の事例では省略しています。

CHECK POINT

純資産の変動は自治体の財務状況を見るうえで重要です。見方としては純行政コストと財源の金額に注目します。財源が純行政コストを上回っていることが望ましいということです。

2-35 資金収支計算書(CF)

資金収支計算書（CF）は、貸借対照表（BS）の現金の増減内容です。注意しておきたいところは、貸借対照表（BS）の現金預金には、予算外の現金預金の出入りである歳計外現金を含んでいることです。資金収支計算書（CF）は、この歳計外現金を除いたお金（ここでは「資金」）の収支を、内容ごとに三区分に分けて集計します。最後に、資金収支計算書（CF）の欄外で歳計外現金を増減することにより、資金に歳計外現金を増減して、貸借対照表（BS）の現金預金と一致させていることを理解しましょう。

問題

次の資料を参考にして、A市の当期の資金収支計算書の「業務活動収支」、「投資活動収支」、「財務活動収支」、「本年度末資金残高」、「本年度末現基金預金残高」の金額を求めてみましょう。なお今回は、資料から判明する事項以外は考慮しないものとします。

【資料】

支出	金額（百万円）	収入	金額（百万円）
①業務費用支出	430	⑥業務収入	1,200
②移転費用支出	550	⑦臨時収入	20
③臨時支出	10	⑧投資活動収入	80
④投資活動支出	150	⑨財務活動収入	90
⑤財務活動支出	100		

資金収支計算書	金額（百万円）
⑩前年度末資金残高	30
⑪前年度末歳計外現金残高	15
⑫本年度歳計外現金増減額	△5

■業務活動収支（　ア　）百万円■投資活動収支（　イ　）　百万円
■財務活動収支（　ウ　）百万円■本年度末資金残高（　エ　）百万円
■本年度末現金預金残高（　オ　）百万円（＝BSの現金預金）

[正解] ア 230　イ △70　ウ △10　エ 180　オ 190

[解説]

	資金収支計算書	金額(百万円)		
	業務費用支出	430	A	資料①より
	移転費用支出	550	B	資料②より
	業務支出	980	C	＝A＋B
	業務収入	1,200	D	資料⑥より
	臨時支出	10	E	資料③より
	臨時収入	20	F	資料⑦より
(ア)	業務活動収支	230	G	＝(D−C)＋(F−E)
	投資活動支出	150	H	資料④より
	投資活動収入	80	I	資料⑧より
(イ)	投資活動収支	△70	J	＝I−H
	財務活動支出	100	K	資料⑤より
	財務活動収入	90	L	資料⑨より
(ウ)	財務活動収支	△10	M	＝L−K
	本年度資金収支額	150	N	＝G＋J＋M
	前年度末資金残高	30	O	資料⑩より
(エ)	本年度末資金残高	180	P	＝N＋O

	前年度末歳計外現金残高	15	Q	資料⑪より
	本年度歳計外現金増減額	△5	R	資料⑫より
	本年度末歳計外現金残高	10	S	＝Q＋R
(オ)	本年度末現金預金残高	190	T	＝P＋S

CHECK POINT

業務活動収支がマイナスの場合は、財政破綻の危険性がありますので気を付けましょう。投資活動収支のマイナスは、施設の整備が進んだということであり、財務活動収支のマイナスは借金の返済が進んだということになります。

3章

これがわかればミスを防げる！

財務書類作成ワーク

第３章では、実際に仕訳例から財務書類が完成するまでを理解しましょう。特に「仕訳」の理解は重要です。システムに入力する仕訳が間違えば、出来上がる財務書類も間違ってしまうからです。

仕訳例は、総務省「統一的な基準による地方公会計マニュアル（令和元年８月改訂）」のP15～23までを参考としています。この中で、財務書類作成にあたっての基礎知識のまとめとして統一的な基準における具体的な仕訳例から財務書類の作成例までがマニュアルに掲載されています。実際に電卓で計算し、財務書類が出来上がるまでを実感して下さい。

3-1 仕訳　取引事例１－１ 住民税の調定

ここから、実際に総務省のマニュアルのP15の14個の取引を仕訳して、財務書類の完成までを体験してみましょう（マニュアルの内容を著者が一部加工）。取引の項目の説明がマニュアルではシンプルになっているため、補足して考えてみて下さい。

住民税の調定とは、住民税の徴収する金額が決定したという意味で、まだお金が入ってきていない状況です。仕訳パターン参考として下さい。

なお、**住民税などの地方税、地方譲与税、税交付金、地方交付税なども住民からの出資と考えること**に気を付けましょう。

問題

①次の取引の仕訳をしてみましょう。

２月３日　住民税の調定　500百万円

取引事例1－1

（単位：百万円）

日付	財務書類	借方		財務書類	貸方	
		勘定科目	金額		勘定科目	金額

②①の取引は、どの仕訳パターンですか？

借方	貸方
資産の増加（BS）（CF）	資産の減少（BS）（CF）
負債の減少（BS）	負債の増加（BS）
純資産の減少（NW）	純資産の増加（NW）
費用の発生（PL）	収益の発生（PL）

[正解]

取引事例1－1

（単位：百万円）

日付	財務書類	借方		財務書類	貸方	
		勘定科目	金額		勘定科目	金額
2月3日	BS	未収金	500	NW	税収等	500

[解説]

借方	貸方
資産の増加（BS）（CF）	資産の減少（BS）（CF）
負債の減少（BS）	負債の増加（BS）
純資産の減少（NW）	純資産の増加（NW）
費用の発生（PL）	収益の発生（PL）

貸借対照表（BS）	
未収金	

純資産変動計算書（NW）	
	税収等

仕訳を考えるときは、まず現金の増加か減少のどちらかを考えてみましょう。

この場合は、住民税の調定なので、「現金の増加」というケースになります。ただし、まだ入金されていない状態です。

しかし、入金されていない場合でも資産の増加と考えますので、借方にて「未収金」という「資産の増加」に分類することになります。

では、現金の収入の要因は何かと考えると、住民税を調定したことで、という考え方になります。民間企業あれば、「収益の発生（売上）」となりますが、統一的な基準の地方公会計では、住民からの出資と考えて税収を純資産の増加とします。したがって勘定科目は「純資産の増加」の分類の中の「税収等」になります。

3-2 仕訳　取引事例１－２ 住民税の収入

取引事例１－１で、住民税を調定した際の仕訳を思い出して下さい。ただし、今回の事例は調定した金額の入金があった場合の仕訳です。

未収金の使い方も考えてみましょう。調定の時に500百万円の未収金とした場合で、今回450百万円の入金があったときに未収金の減少という意味で貸方に記入します。まだ50百万円が未入金ということを理解しましょう。

問題

①次の取引の仕訳をしてみましょう。

３月３日　住民税の収入　450百万円

取引事例1－2

（単位：百万円）

日付	財務書類	借方		財務書類	貸方	
		勘定科目	金額		勘定科目	金額

②①の取引は、どの仕訳パターンですか？

借方	貸方
資産の増加(BS)(CF)	資産の減少(BS)(CF)
負債の減少(BS)	負債の増加(BS)
純資産の減少(NW)	純資産の増加(NW)
費用の発生(PL)	収益の発生(PL)

[正 解]

取引事例1－2

（単位：百万円）

日付	財務書類	借方		財務書類	貸方	
		勘定科目	金額		勘定科目	金額
3月3日	CF	税収等収入	450	BS	未収金	450

[解 説]

借方	貸方
資産の増加(BS)(CF)	資産の減少(BS)(CF)
負債の減少(BS)	負債の増加(BS)
純資産の減少(NW)	純資産の増加(NW)
費用の発生(PL)	収益の発生(PL)

資金収支計算書(CF)	
税収等収入	

貸借対照表(BS)	
	未収金

この事例では、住民税として450百万円の現金での収入があり、よって借方は「資産の増加」になります。企業会計であれば、勘定科目としては貸借対照表（BS）の「現金預金」と分類します。しかし地方公会計では、現金の増減の内容を、資金収支計算書（CF）の勘定科目で分類しますので、借方は資金収支計算書（CF）の「税収等収入」となります。

次に貸方を考えますが、ここで取引事例１－１の仕訳と関連があることに気付いて下さい。取引事例１－１は住民税の収入が未収入であるということで、貸借対照表（BS）の「未収金」として「資産の増加」としましたね。今回の取引事例１－２では、この資産である未収金が回収された、すなわち未収金の減少なので、貸方は「資産の減少」となり、勘定科目は貸借対照表（BS）の「未収金」ということになります。

3-3 仕訳　取引事例２－１ 道路の建設工事（検査確認）

道路の建設で、検査確認が終了した場合です（ただし、工事代金はまだ払っていません）。道路は「資産の増加」なのか工事請負費としての「費用の発生」なのかをよく考えてみましょう。**工事請負費の内容が道路の新設や改良ならば、貸借対照表（BS）の工作物（インフラ資産）**になりますが、**道路の維持補修費など新たな資産形成につながらないときは、行政コスト計算書（PL）の維持補修費**となることに注意しましょう。

問題

①次の取引の仕訳をしてみましょう。

3月5日　道路の建設（検査確認）　500百万円

※ただし、工事代金はまだ払っていません。

取引事例2−1

（単位：百万円）

日付	財務書類	借方		財務書類	貸方	
		勘定科目	金額		勘定科目	金額

②①の取引は、どの仕訳パターンですか？

借方	貸方
資産の増加（BS）（CF）	資産の減少（BS）（CF）
負債の減少（BS）	負債の増加（BS）
純資産の減少（NW）	純資産の増加（NW）
費用の発生（PL）	収益の発生（PL）

[正解]

取引事例2－1

（単位：百万円）

日付	財務書類	借方		財務書類	貸方	
		勘定科目	金額		勘定科目	金額
3月5日	BS	工作物（インフラ資産）	500	BS	未払金	500

[解説]

借方	貸方
資産の増加（BS）（CF）	資産の減少（BS）（CF）
負債の減少（BS）	負債の増加（BS）
純資産の減少（NW）	純資産の増加（NW）
費用の発生（PL）	収益の発生（PL）

貸借対照表（BS）	
工作物（インフラ資産）	

貸借対照表（BS）	
	未払金

道路の建設が完成し、検査確認が終了した事例です。

この事例では、歳出予算科目では「工事請負費」となります。まず、現金の減少になるので貸方に「資産の減少」の勘定科目を分類することになります。ただし、この事例は、まだ現金の支出がないということなので、「未払金」という勘定科目を使用します。

現金の減少の原因は、道路を建設したからです。この場合、道路は「資産」の中の工作物になり、道路は「インフラ資産」に分類することになります。

3-4 仕訳　取引事例２－２ 道路の建設工事（国庫補助金収入）

取引事例２－１道路の建設事業について、国庫補助金として100百万円の収入があったという事例になります。**国庫補助金収入は、その補助する事業により、資金収支計算書（CF）での分類が違う**ことに気を付けましょう。

国庫補助金を財源として事業をする場合の借方の国県等補助金収入の内訳として、「業務活動➡業務収入･投資活動➡投資活動収入･臨時的活動➡臨時収入」と分類することや、貸方の純資産計算書（NW）の「国県等補助金」は内訳の区別がないことに注意しましょう。

問題

①次の取引の仕訳をしてみましょう。

３月６日　国庫補助金収入（道路関係）　100百万円

取引事例2−2

（単位：百万円）

日付	財務書類	借方		財務書類	貸方	
		勘定科目	金額		勘定科目	金額

②①の取引は、どの仕訳パターンですか？

借方	貸方
資産の増加（BS）（CF）	資産の減少（BS）（CF）
負債の減少（BS）	負債の増加（BS）
純資産の減少（NW）	純資産の増加（NW）
費用の発生（PL）	収益の発生（PL）

[正 解]

取引事例2−2

(単位:百万円)

日付	財務書類	借方		財務書類	貸方	
		勘定科目	金額		勘定科目	金額
3月6日	CF	国県等補助金収入(投資活動収入)	100	NW	国県等補助金	100

[解 説]

借方	貸方
資産の増加(BS)(CF)	資産の減少(BS)(CF)
負債の減少(BS)	負債の増加(BS)
純資産の減少(NW)	純資産の増加(NW)
費用の発生(PL)	収益の発生(PL)

資金収支計算書(CF)	
国県等補助金収入(投資活動収入)	

純資産変動計算書(NW)	
	国県等補助金

取引事例２－１の道路の建設にあたり、「国庫補助金」の収入があった場合です。

現金の増加になりますので、借方は「資産の増加」になります。現金の増加の分類として、資金収支計算書（CF）の「国県等補助金収入」の勘定科目となります。さらに道路など資産建設に伴う場合は、内訳の分類として「投資活動収入」となります。

貸方は、現金預金の原因は国庫補助なので、純資産変動計算書（NW）の「国県等補助金」という勘定科目を使用します。

3-5 仕訳　取引事例２－３ 道路の建設工事（地方債発行）

取引事例２－１道路の建設事業について、地方債（借金）を発行して300百万円の収入があったという事例になります。今回の地方債は１年内に返済するものは含まれていないものとします。

道路の建設など多額なお金がかかり、その道路を将来の住民が利用する場合には地方債の発行が認められています。**地方債は借金ですが、その返済が１年内償還予定の場合は、「１年内償還予定地方債」として、貸借対照表（BS）の流動負債の部に分類される**ことを覚えておきましょう。

問題

①次の取引の仕訳をしてみましょう。

３月10日　地方債発行（道路関係）　300百万円

取引事例2−3

（単位：百万円）

日付	財務書類	借方		財務書類	貸方	
		勘定科目	金額		勘定科目	金額

②①の取引は、どの仕訳パターンですか？

借方	貸方
資産の増加（BS）（CF）	資産の減少（BS）（CF）
負債の減少（BS）	負債の増加（BS）
純資産の減少（NW）	純資産の増加（NW）
費用の発生（PL）	収益の発生（PL）

[正解]

取引事例2－3

（単位：百万円）

日付	財務書類	借方 勘定科目	借方 金額	財務書類	貸方 勘定科目	貸方 金額
3月10日	CF	地方債発行収入	300	BS	地方債	300

[解説]

借方	貸方
資産の増加(BS)(CF)	資産の減少(BS)(CF)
負債の減少(BS)	負債の増加(BS)
純資産の減少(NW)	純資産の増加(NW)
費用の発生(PL)	収益の発生(PL)

資金収支計算書(CF)	
地方債発行収入	

貸借対照表(BS)	
	地方債

取引事例２－１の道路の建設にあたり、その財源として地方債を発行（＝起債）して収入があった場合です。

現金の増加になりますので、借方は「資産の増加」になります。現金の増加の分類として、資金収支計算書（CF）の「地方債発行収入」の勘定科目となります。

貸方は、現金の減少原因である地方債の発行をしたことであり、その結果として、貸借対照表（BS）の負債の部の「地方債」という借金が増えたということで、負債の増加である「地方債」の勘定科目を使用します。

3-6 仕訳　取引事例２－４ 道路の建設工事（支払い）

取引事例２－１道路の建設事業について、500百万円の支払いがあったという事例になります。

取引事例２－１の仕訳と関連がありますので、注意しましょう。すなわち、**代金を後払いする場合は、「未払金」で負債の増加として貸方に仕訳しますが、それをその後に支払ったときは、負債の減少として「未払金」を借方に仕訳をする**ことを忘れないようにして下さい。

問題

①次の取引の仕訳をしてみましょう。

３月14日　道路の建設（支払い）　500百万円

取引事例2−4

（単位：百万円）

日付	財務書類	借方		財務書類	貸方	
		勘定科目	金額		勘定科目	金額

②①の取引は、どの仕訳パターンですか？

借方	貸方
資産の増加（BS）（CF）	資産の減少（BS）（CF）
負債の減少（BS）	負債の増加（BS）
純資産の減少（NW）	純資産の増加（NW）
費用の発生（PL）	収益の発生（PL）

[正 解]

取引事例2－4

（単位：百万円）

日付	財務書類	借方		財務書類	貸方	
		勘定科目	金額		勘定科目	金額
3月14日	BS	未払金	500	CF	公共施設等整備費支出	500

[解 説]

借方	貸方
資産の増加(BS)(CF)	資産の減少(BS)(CF)
負債の減少(BS)	負債の増加(BS)
純資産の減少(NW)	純資産の増加(NW)
費用の発生(PL)	収益の発生(PL)

貸借対照表(BS)	
未払金	

資金収支計算書(CF)	
	公共施設等整備費支出

取引事例２－１の道路の建設にあたり、500万円の支出をした場合です。

現金の減少になりますので、貸方の「資産の減少」になります。現金の減少の分類としては、資金収支計算書（CF）の「公共施設等整備費支出」の勘定科目となります。

借方は､支出の結果を貸借対照表（BS）の「資産の増加」として「工作物（インフラ資産)」にするところですが、取引事例２－１で既に仕訳が済んでいますので（勘定科目として「未払金」を使用)、それを踏まえ貸方に「未払金」という勘定科目を使用します。この事例は、支払いが済んだことから、貸借対照表（BS）の「負債の減少」である「未払金」の勘定科目を、借方に使用するということです。

3-7 仕訳　取引事例3 職員給与費の支払い

職員給与費を支払った事例です。厳密に仕訳すれば、支払いを決定した（支出負担行為）時に「未払金」の増加とし、支払時に「未払金」の減少としますが、今回は「未払金」は使用しないで考えてみましょう。

行政コスト計算書（PL）の「職員給与費」は、歳出の予算科目では給料・職員手当等・災害補償費などが対象です。**資金収支計算書（CF）の「人件費支出」は、職員給与費の他に議員報酬などが含まれる**ことも理解しましょう。

問題

①次の取引の仕訳をしてみましょう。

3月17日　職員給与支払い　150百万円

取引事例3

（単位：百万円）

日付	財務書類	借方		財務書類	貸方	
		勘定科目	金額		勘定科目	金額

②①の取引は、どの仕訳パターンですか？

借方	貸方
資産の増加（BS）（CF）	資産の減少（BS）（CF）
負債の減少（BS）	負債の増加（BS）
純資産の減少（NW）	純資産の増加（NW）
費用の発生（PL）	収益の発生（PL）

[正 解]

取引事例3

（単位：百万円）

日付	財務書類	借方		財務書類	貸方	
		勘定科目	金額		勘定科目	金額
3月17日	PL	職員給与費	150	CF	人件費支出	150

[解 説]

借方	貸方
資産の増加(BS)(CF)	資産の減少(BS)(CF)
負債の減少(BS)	負債の増加(BS)
純資産の減少(NW)	純資産の増加(NW)
費用の発生(PL)	収益の発生(PL)

行政コスト計算書(PL)	
職員給与費	

資金収支計算書(CF)	
	人件費支出

この取引は、職員給与の支出をした場合です。

現金の減少になりますので、貸方の「資産の減少」になります。現金の減少の分類としては、資金収支計算書（CF）の「人件費支出」の勘定科目となります。

貸方は、現金の減少した原因は職員に給与を支払ったことであり、行政コスト計算書（PL）の費用が発生したということで、「職員給与費」の勘定科目を使用します。

3-8 仕訳　取引事例４ 貸付金の貸付け

Ａ法人に対し、長期に貸し付けることはどういうことか？　補助金として支出するのとどこが違うのかを考えてみましょう。

貸付による現金の返済期限が１年を超える場合は、固定資産の「長期貸付金」という勘定科目を使用しますが、返済期限が１年以内の場合は流動資産の「短期貸付金」になるということに気を付けて下さい。

問題

①次の取引の仕訳をしてみましょう。

３月24日　Ａ法人へ長期貸付　50百万円

取引事例4

（単位：百万円）

日付	財務書類	借方		財務書類	貸方	
		勘定科目	金額		勘定科目	金額

②①の取引は、どの仕訳パターンですか？

借方	貸方
資産の増加（BS）（CF）	資産の減少（BS）（CF）
負債の減少（BS）	負債の増加（BS）
純資産の減少（NW）	純資産の増加（NW）
費用の発生（PL）	収益の発生（PL）

[正解]

取引事例4

（単位：百万円）

日付	借方 財務書類	借方 勘定科目	借方 金額	貸方 財務書類	貸方 勘定科目	貸方 金額
3月24日	BS	長期貸付金	50	CF	貸付金支出	50

[解説]

借方	貸方
資産の増加(BS)(CF)	資産の減少(BS)(CF)
負債の減少(BS)	負債の増加(BS)
純資産の減少(NW)	純資産の増加(NW)
費用の発生(PL)	収益の発生(PL)

貸借対照表(BS)	
長期貸付金	

資金収支計算書(CF)	
	貸付金支出

A法人に、長期の貸付をする支出をした場合です。

現金の減少になるので、貸方の「資産の減少」になります。現金の減少の分類としては、資金収支計算書（CF）の「貸付金支出」の勘定科目となります。

貸方について考えると、現金の減少した原因は、A法人に貸付をして現金を支払ったことです。この支払ったお金の返済を求めないのであれば、行政コスト計算書（PL）の「費用の発生」となります。しかしこの事例では、将来現金での収入が見込まれる債権となるので、貸借対照表（BS）の「資産の増加」となり、長期の貸付であることから、固定資産の「長期貸付金」の勘定科目を使用します。

3-9 仕訳　取引事例5 基金の積立て

下記の設問は、一般会計から基金会計に積立てをする事例です。積立てをすることで現金は減りますが、資産は減るのでしょうか？

この事例の財政調整基金は、財政の健全な運営のための積立金であり、一般会計の一時的な資金不足のときなどは、この基金から借入れを行います。このようなことから、**この基金は流動資産に分類される**ことを理解しましょう。

問題

①次の取引の仕訳をしてみましょう。

3月27日　財政調整基金積立て　50百万円

取引事例5

（単位：百万円）

日付	財務書類	借方		財務書類	貸方	
		勘定科目	金額		勘定科目	金額

②①の取引は、どの仕訳パターンですか？

借方	貸方
資産の増加（BS）（CF）	資産の減少（BS）（CF）
負債の減少（BS）	負債の増加（BS）
純資産の減少（NW）	純資産の増加（NW）
費用の発生（PL）	収益の発生（PL）

[正 解]

取引事例5

（単位：百万円）

日付	財務書類	借方		財務書類	貸方	
		勘定科目	金額		勘定科目	金額
3月27日	BS	財政調整基金	50	CF	基金積立金支出	50

[解 説]

借方	貸方
資産の増加（BS）（CF）	資産の減少（BS）（CF）
負債の減少（BS）	負債の増加（BS）
純資産の減少（NW）	純資産の増加（NW）
費用の発生（PL）	収益の発生（PL）

貸借対照表（BS）	
財政調整基金	

資金収支計算書（CF）	
	基金積立金支出

財政調整基金に、積立てのために支出をした場合です。

現金の減少になるので、貸方の「資産の減少」になります。現金の減少の分類として、資金収支計算書（CF）の「基金積立金支出」の勘定科目となります。

貸方について考えると、現金の減少した原因は、基金に積立てという形で現金を支払ったことです。この支払ったお金の代わりに、基金という形で資産を保有したことになり、貸借対照表（BS）の「資産の増加」となります。この基金が「財政調整基金」であることから、「流動資産」の「財政調整基金」の勘定科目を使用します。

3-10 仕訳　取引事例６－１ 消耗品の購入・納品

消耗品を注文して納品された事例です。この時点ではお金の支払いはまだですが、業者に対して支払いの義務があるという状況です。

消耗品は、その性質が、使用することによって、消費されやすいもの、または、き損しやすいものや、著しく長期間の保存に堪えないものをいうので、**行政コスト計算書（PL）の「費用の発生」となる**ことを理解しましょう。

問題

①次の取引の仕訳をしてみましょう。

３月28日　消耗品の購入（納品）　20百万円

取引事例6−1

（単位：百万円）

日付	財務書類	借方		財務書類	貸方	
		勘定科目	金額		勘定科目	金額

②①の取引は、どの仕訳パターンですか？

借方	貸方
資産の増加（BS）（CF）	資産の減少（BS）（CF）
負債の減少（BS）	負債の増加（BS）
純資産の減少（NW）	純資産の増加（NW）
費用の発生（PL）	収益の発生（PL）

[正解]

取引事例6－1

（単位:百万円）

日付	財務書類	借方		財務書類	貸方	
		勘定科目	金額		勘定科目	金額
3月28日	PL	物件費	20	BS	未払金	20

[解説]

借方	貸方
資産の増加（BS）（CF）	資産の減少（BS）（CF）
負債の減少（BS）	負債の増加（BS）
純資産の減少（NW）	純資産の増加（NW）
費用の発生（PL）	収益の発生（PL）

行政コスト計算書（PL）	
物件費	

貸借対照表（BS）	
	未払金

消耗品を購入した事例です。

この事例は、歳出予算科目では「需用費（消耗品費）」となります。まず、現金の減少になるので、貸方は「資産の減少」の勘定科目に分類することになります。しかしこの事例は、まだ現金の支出がないということなので、支払い義務があるということで、負債の増加として「未払金」という勘定科目を使用します。

借方は、現金の減少した原因は、消耗品の購入ということで、行政コスト計算書（PL）の「費用の発生」となり、さらにその中で「物件費」の勘定科目を使用します。

3-11 仕訳　取引事例６－２ 消耗品の購入・支払い

取引事例６－１消耗品の購入について、納品を確認したので20百万円の支払いをしたという事例です。

取引事例６－１の仕訳と関連がありますので注意して下さい。すなわち、**「未払金」で消耗品を購入した場合、代金の支払いをしたときは負債の減少として「未払金」を借方に仕訳する**ということに気を付けましょう。

問題

①次の取引の仕訳をしてみましょう。

３月31日　消耗品の購入（支払い）　20百万円

取引事例6−2

（単位：百万円）

日付	財務書類	借方		財務書類	貸方	
		勘定科目	金額		勘定科目	金額

②①の取引は、どの仕訳パターンですか？

借方	貸方
資産の増加（BS）（CF）	資産の減少（BS）（CF）
負債の減少（BS）	負債の増加（BS）
純資産の減少（NW）	純資産の増加（NW）
費用の発生（PL）	収益の発生（PL）

[正 解]

取引事例6−2

（単位：百万円）

日付	財務書類	借方 勘定科目	借方 金額	財務書類	貸方 勘定科目	貸方 金額
3月31日	BS	未払金	20	CF	物件費等支出	20

[解 説]

借方	貸方
資産の増加（BS）（CF）	資産の減少（BS）（CF）
負債の減少（BS）	負債の増加（BS）
純資産の減少（NW）	純資産の増加（NW）
費用の発生（PL）	収益の発生（PL）

貸借対照表（BS）	
未払金	

資金収支計算書（CF）	
	物件費等支出

取引事例６－１の消耗品の購入について、納品を確認したために20百万円の支出をした場合です。

現金の減少になるので、貸方の「資産の減少」になります。また、現金の減少の分類として、資金収支計算書（CF）の「物件費等支出」の勘定科目となります。

借方は、支出の原因は「消耗品の購入」なので行政コスト計算書（PL）の「費用の発生」である「物件費」ということになります。しかし取引事例６－１でこの勘定科目は仕訳済であり、その支払いが済んでいない時点で「未払金」という勘定科目を使用しました。これを踏まえ、支払いが済んだことから、貸借対照表（BS）の「負債の減少」である「未払金」の勘定科目を借方に使用します。

3-12 仕訳　取引事例７ 使用料の収入

下記の設問は、使用料収入を受け取ったという事例です。このことから、資産の増加ということはわかりますが、その原因は純資産の増加でしょうか。

使用料及び手数料の「使用料」は、行政財産の目的外使用または公の施設の使用の対価として、その利益を受ける者から徴収します。「手数料」は、住民票や戸籍謄抄本などの自治体の特定の行政サービスを受ける者から徴収しますが、仕訳では「使用料及び手数料」をまとめていることを理解しましょう。

問題

①次の取引の仕訳をしてみましょう。

３月31日　公共施設使用料の収入　50百万円

取引事例7

（単位：百万円）

日付	財務書類	借方		財務書類	貸方	
		勘定科目	金額		勘定科目	金額

②①の取引は、どの仕訳パターンですか？

借方	貸方
資産の増加（BS）（CF）	資産の減少（BS）（CF）
負債の減少（BS）	負債の増加（BS）
純資産の減少（NW）	純資産の増加（NW）
費用の発生（PL）	収益の発生（PL）

[正解]

取引事例7

（単位：百万円）

日付	財務書類	借方		財務書類	貸方	
		勘定科目	金額		勘定科目	金額
3月31日	CF	使用料及び手数料収入	50	PL	使用料及び手数料	50

[解説]

借方	貸方
資産の増加（BS）（CF）	資産の減少（BS）（CF）
負債の減少（BS）	負債の増加（BS）
純資産の減少（NW）	純資産の増加（NW）
費用の発生（PL）	収益の発生（PL）

資金収支計算書（CF）	
使用料及び手数料収入	

行政コスト計算書（PL）	
	使用料及び手数料

公共施設の使用料として、現金を収納した事例です。

現金の増加になるので、借方の「資産の増加」になります。また、現金の増加の分類として、資金収支計算書（CF）の「使用料及び手数料収入」の勘定科目となります。

貸方は、現金の増加原因が使用料の収入を得たということで、行政コスト計算書（PL）の「収益の発生」となります。勘定科目は、経常収益の「使用料及び手数料」となります。税収等や国庫補助金等の収入が、「純資産の増加」であることとの違いに気を付けましょう。

3-13 仕訳　取引事例8 退職手当引当金の引当て

退職手当引当金の決算整理として行われる仕訳です。実際に現金が支出するわけではありません。発生主義における引当金の考え方を理解しましょう。引当金の計上は、借方は費用の発生、貸方は負債の増加となります。退職手当引当金は、現在いる職員が仮に退職した場合などの一定のルールにより計算された退職金の支給額を退職手当引当金としていることも覚えておきましょう。

問題

①次の取引の仕訳をしてみましょう。

3月31日　退職手当引当金の引当て　250百万円

取引事例8

（単位：百万円）

日付	財務書類	借方		財務書類	貸方	
		勘定科目	金額		勘定科目	金額

②①の取引は、どの仕訳パターンですか？

借方	貸方
資産の増加（BS）（CF）	資産の減少（BS）（CF）
負債の減少（BS）	負債の増加（BS）
純資産の減少（NW）	純資産の増加（NW）
費用の発生（PL）	収益の発生（PL）

[正 解]

取引事例8

（単位：百万円）

日付	財務書類	借方		財務書類	貸方	
		勘定科目	金額		勘定科目	金額
3月31日	PL	退職手当引当金繰入額	250	BS	退職手当引当金	250

[解 説]

借方	貸方
資産の増加（BS）（CF）	資産の減少（BS）（CF）
負債の減少（BS）	負債の増加（BS）
純資産の減少（NW）	純資産の増加（NW）
費用の発生（PL）	収益の発生（PL）

行政コスト計算書（PL）	
退職手当引当金繰入額	

貸借対照表（BS）	
	退職手当引当金

職員の退職時に支払われる退職金は、勤続年数に応じて「費用の発生」とすべきという発生主義の考え方に基づいて、一定額を当該年度の費用と負債に計上するものです。

したがって借方は、当該年度分の費用の発生分として、行政コスト計算書（PL）の業務費用・人件費の「退職手当引当金繰入額」の勘定科目となります。

貸方は、当該年度の費用計上分を将来の支払い義務があるということで、貸借対照表（BS）の負債に固定負債を、「退職手当引当金」として今までに計上してある金額に追加計上します。

3-14 仕訳　取引事例９ 賞与等引当金の引当て

賞与等引当金は、決算整理として行われる仕訳です。実際に現金が支出するわけではありません。**賞与等の支給日とその算定期間が、年度をまたがることから、引当金の処理をすること**を理解しましょう。

６月支給分の賞与時に、賞与等引当金の振替処理が必要になります。また、12月分の賞与等は、算定期間が６月～11月で会計年度をまたがないので引当金の計上はしないことも覚えておきましょう。

問題

①次の取引の仕訳をしてみましょう。

３月31日　賞与等引当金の引当て　200百万円

取引事例9

（単位：百万円）

日付	財務書類	借方		財務書類	貸方	
		勘定科目	金額		勘定科目	金額

②①の取引は、どの仕訳パターンですか？

借方	貸方
資産の増加（BS）（CF）	資産の減少（BS）（CF）
負債の減少（BS）	負債の増加（BS）
純資産の減少（NW）	純資産の増加（NW）
費用の発生（PL）	収益の発生（PL）

[正解]

取引事例9

（単位：百万円）

日付	財務書類	借方		財務書類	貸方	
		勘定科目	金額		勘定科目	金額
3月31日	PL	賞与等引当金繰入額	200	BS	賞与等引当金	200

[解説]

借方	貸方
資産の増加（BS）（CF）	資産の減少（BS）（CF）
負債の減少（BS）	負債の増加（BS）
純資産の減少（NW）	純資産の増加（NW）
費用の発生（PL）	収益の発生（PL）

行政コスト計算書（PL）	
賞与等引当金繰入額	

貸借対照表（BS）	
	賞与等引当金

職員に対し、いわゆるボーナスの時に支払われる翌年度の「賞与等」（6月支給分）の算定期間は、当該年度の12月から翌年度の5月までの6か月が一般的です。決算整理時は、当該年度の賞与等の算定期間の12月から3月までの4か月分の賞与等の見積額を、費用計上と負債に計上するものです。

当該年度分の「費用の発生」分として、借方は行政コスト計算書（PL）の「業務費用・人件費」の「賞与等引当金繰入額」の勘定科目となります。

貸方は、当該年度の費用計上分を翌年度の賞与時に支払い義務があるということで、貸借対照表（BS）の負債に流動負債として「賞与等引当金」に計上します。

3-15 仕訳帳

次の取引事例の仕訳を、仕訳帳に転記してみましょう。(取引事例1－1～取引事例9を参照)

【取引】

(単位:百万円)

番号	項目	日付	金額	番号	項目	日付	金額
1–1	住民税の調定	2月3日	500	4	A法人へ長期貸付	3月24日	50
1–2	住民税の収入	3月3日	450	5	財政調整基金積立て	3月27日	50
2–1	道路の建設(検査確認)	3月5日	500	6–1	消耗品の購入(納品)	3月28日	20
2–2	国庫補助金収入(道路関係)	3月6日	100	6–2	消耗品の購入(支払い)	3月31日	20
2–3	地方債発行(道路関係)	3月10日	300	7	公共施設使用料の収入	3月31日	50
2–4	道路の建設(支払い)	3月14日	500	8	退職手当引当金の引当て	3月31日	250
3	職員給与支払い	3月17日	150	9	賞与等引当金の引当て	3月31日	200

【仕訳帳】(問題用紙)

(単位:百万円)

番号	日付	財務書類	借方		財務書類	貸方	
			勘定科目	金額		勘定科目	金額
1–1							
1–2							
2–1							
2–2							
2–3							
2–4							
3							
4							
5							
6–1							
6–2							
7							
8							
9							

[正 解]　仕訳の内容がわからないときは、それぞれの取引事例を確認してみましょう。

【仕訳帳】

（単位：百万円）

番号	日付	財務書類	借方		財務書類	貸方	
			勘定科目	金額		勘定科目	金額
1–1	2月3日	BS	未収金	500	NW	税収等	500
1–2	3月3日	CF	税収等収入	450	BS	未収金	450
2–1	3月5日	BS	工作物（インフラ資産）	500	BS	未払金	500
2–2	3月6日	CF	国県等補助金収入	100	NW	国県等補助金	100
2–3	3月10日	CF	地方債発行収入	300	BS	地方債	300
2–4	3月14日	BS	未払金	500	CF	公共施設等整備費支出	500
3	3月17日	PL	職員給与費	150	CF	人件費支出	150
4	3月24日	BS	長期貸付金	50	CF	貸付金支出	50
5	3月27日	BS	財政調整基金	50	CF	基金積立金支出	50
6–1	3月28日	PL	物件費	20	BS	未払金	20
6–2	3月31日	BS	未払金	20	CF	物件費等支出	20
7	3月31日	CF	使用料及び手数料収入	50	PL	使用料及び手数料	50
8	3月31日	PL	退職手当引当金繰入額	250	BS	退職手当引当金	250
9	3月31日	PL	賞与等引当金繰入額	200	BS	賞与等引当金	200

3-16 総勘定元帳

問題

3－15で作成した仕訳帳から総勘定元帳を完成させてみましょう。※ただし、資金収支計算書の勘定科目は貸借対照表の「現金預金」としても記載して下さい。また、財務書類（BS・PL・NW・CF）の種類も記載して下さい。なお、単位は全て（百万円）とします。

［ヒント］　仕訳帳から総勘定元帳への転記の仕方

取引事例1－1

（単位：百万円）

日付	財務書類	借方		財務書類	貸方	
		勘定科目	金額		勘定科目	金額
2月3日	BS	未収金	500	NW	税収等	500

仕訳番号１－１の「未収金」について総勘定元帳の転記の仕方ついて説明します。

〈未収金〉

（単位：百万円）

日付	勘定科目(番号)		借方	貸方	残高
2月3日	NW	税収等(1–1)	500		500

仕訳帳の仕訳の（借方）の未収金と総勘定元帳の未収金を見つけて下さい。表上部に〈未収金〉と記した表が未収金の総勘定元帳です。

総勘定元帳の勘定科目欄は、未収金の相手勘定科目（未収金を借方に仕訳したときは貸方の勘定科目、未収金を貸方に仕訳したときは借方の勘定科目）になりますので、貸方の税収等になり、取引の番号は（1－1）となります。未収金の増加という借方の仕訳でしたので借方に「500」と金額を記入します。

残高欄の考え方ですが、ここでいえば「未収金」は資産なので、借方にある勘定科目です。ですから、残高は必ず借方になります。すなわち、借方金額から貸方金額を差し引き、必ずプラスになります。

例えば、純資産変動計算書（NW）税収等の貸方にある勘定科目の残高は、「貸方金額から借方金額を差し引く」となることに気を付けて下さい。

【総勘定元帳】(問題用紙)

○貸借対照表

〈インフラ資産・工作物〉

日付	勘定科目(番号)	借方	貸方	残高

〈長期貸付金〉

日付	勘定科目(番号)	借方	貸方	残高

〈現金預金〉

日付	勘定科目(番号)	借方	貸方	残高

〈未収金〉

日付	勘定科目(番号)	借方	貸方	残高

〈財政調整基金〉

日付	勘定科目(番号)	借方	貸方	残高

〈地方債〉

日付	勘定科目(番号)	借方	貸方	残高

〈退職手当引当金〉

日付	勘定科目(番号)	借方	貸方	残高

〈未払金〉

日付	勘定科目(番号)	借方	貸方	残高

〈賞与等引当金〉

日付	勘定科目(番号)	借方	貸方	残高

○行政コスト計算書

〈職員給与費〉

日付	勘定科目(番号)	借方	貸方	残高

〈賞与等引当金繰入額〉

日付	勘定科目(番号)	借方	貸方	残高

〈退職手当引当金繰入額〉

日付	勘定科目(番号)	借方	貸方	残高

〈物件費〉

日付	勘定科目(番号)	借方	貸方	残高

〈使用料及び手数料〉

日付	勘定科目(番号)	借方	貸方	残高

○純資産変動計算書

〈税収等〉

日付	勘定科目(番号)	借方	貸方	残高

〈国県等補助金〉

日付	勘定科目(番号)	借方	貸方	残高

○資金収支計算書

〈人件費支出〉

日付	勘定科目(番号)	借方	貸方	残高

〈物件費等支出〉

日付	勘定科目(番号)	借方	貸方	残高

〈税収等収入〉

日付	勘定科目(番号)	借方	貸方	残高

〈使用料及び手数料収入〉

日付	勘定科目(番号)	借方	貸方	残高

〈公共施設等整備費支出〉

日付	勘定科目(番号)	借方	貸方	残高

〈基金積立金支出〉

日付	勘定科目(番号)	借方	貸方	残高

〈貸付金支出〉

日付	勘定科目(番号)	借方	貸方	残高

〈国県等補助金収入(投資活動収入)〉

日付	勘定科目(番号)	借方	貸方	残高

〈地方債発行収入〉

日付	勘定科目(番号)	借方	貸方	残高

[正 解]

【総勘定元帳】

○貸借対照表

〈インフラ資産・工作物〉

日付		勘定科目(番号)	借方	貸方	残高
3月5日	BS	未払金(2–1)	500		500

〈長期貸付金〉

日付		勘定科目(番号)	借方	貸方	残高
3月24日	CF	貸付金支出(4)	50		50

〈現金預金〉

日付		勘定科目(番号)	借方	貸方	残高
3月3日	BS	未収金(1–2)	450		450
3月6日	NW	国県等補助金(2–2)	100		550
3月10日	BS	地方債(2–3)	300		850
3月14日	BS	未払金(2–4)		500	350
3月17日	PL	職員給与費(3)		150	200
3月24日	BS	長期貸付金(4)		50	150
3月27日	BS	財政調整基金(5)		50	100
3月31日	BS	未払金(6–2)		20	80
3月31日	PL	使用料及び手数料(7)	50		130

〈未収金〉

日付		勘定科目(番号)	借方	貸方	残高
2月3日	NW	税収等(1–1)	500		500
3月3日	CF	税収等収入(1–2)		450	50

〈財政調整基金〉

日付		勘定科目(番号)	借方	貸方	残高
3月27日	CF	基金積立金支出(5)	50		50

〈地方債〉

日付		勘定科目(番号)	借方	貸方	残高
3月10日	CF	地方債発行収入(2–3)		300	300

〈退職手当引当金〉

日付		勘定科目(番号)	借方	貸方	残高
3月31日	PL	退職手当引当金繰入額(8)		250	250

〈未払金〉

日付		勘定科目(番号)	借方	貸方	残高
3月5日	BS	工作物(インフラ資産)(2–1)		500	500
3月14日	CF	公共施設等整備費支出(2–4)	500		0
3月28日	PL	物件費(6–1)		20	20
3月31日	CF	物件費等支出(6–2)	20		0

〈賞与等引当金〉

日付		勘定科目(番号)	借方	貸方	残高
3月31日	PL	賞与等引当金繰入額(9)		200	200

○行政コスト計算書

〈職員給与費〉

日付	勘定科目(番号)	借方	貸方	残高
3月17日	CF　人件費支出(3)	150		150

〈賞与等引当金繰入額〉

日付	勘定科目(番号)	借方	貸方	残高
3月31日	BS　賞与等引当金(9)	200		200

〈退職手当引当金繰入額〉

日付	勘定科目(番号)	借方	貸方	残高
3月31日	BS　退職手当引当金(8)	250		250

〈物件費〉

日付	勘定科目(番号)	借方	貸方	残高
3月28日	BS　未払金(6-1)	20		20

〈使用料及び手数料〉

日付	勘定科目(番号)	借方	貸方	残高
3月31日	CF　使用料及び手数料収入(7)		50	50

○純資産変動計算書

〈税収等〉

日付	勘定科目(番号)	借方	貸方	残高
2月3日	BS　未収金(1-1)		500	500

〈国県等補助金〉

日付	勘定科目(番号)	借方	貸方	残高
3月6日	CF　国県等補助金収入(2-2)		100	100

○資金収支計算書

〈人件費支出〉

日付	勘定科目(番号)	借方	貸方	残高
3月17日	PL　職員給与費(3)		150	150

〈物件費等支出〉

日付	勘定科目(番号)	借方	貸方	残高
3月31日	BS　未払金(6-2)		20	20

〈税収等収入〉

日付	勘定科目(番号)	借方	貸方	残高
3月3日	BS　未収金(1-2)	450		450

〈使用料及び手数料収入〉

日付	勘定科目(番号)	借方	貸方	残高
3月31日	PL　使用料及び手数料(7)	50		50

〈公共施設等整備費支出〉

日付	勘定科目(番号)	借方	貸方	残高
3月14日	BS　未払金(2-4)		500	500

〈基金積立金支出〉

日付	勘定科目(番号)	借方	貸方	残高
3月27日	BS　財政調整基金(5)		50	50

〈貸付金支出〉

日付	勘定科目(番号)	借方	貸方	残高
3月24日	BS　長期貸付金(4)		50	50

〈国県等補助金収入(投資活動収入)〉

日付	勘定科目(番号)	借方	貸方	残高
3月6日	NW　国県等補助金(2-2)	100		100

〈地方債発行収入〉

日付	勘定科目(番号)	借方	貸方	残高
3月10日	BS　地方債(2-3)	300		300

3-17 合計残高試算表

問題

3－16で作成した総勘定元帳から転記して、合計残高試算表を完成させてみましょう。

ただし、資金収支計算書の勘定科目は貸借対照表の「現金預金」として記載して下さい。また、前年度末残高の欄の数値は「なし」とします。なお、単位は全て（百万円）とします。

【合計残高試算表】（問題用紙）

勘定科目		前年度末残高		本年度計上額		本年度末残高	
		借方	貸方	借方	貸方	借方	貸方
BS	工作物（インフラ資産）						
	長期貸付金						
	現金預金						
	未収金						
	財政調整基金						
	地方債						
	退職手当引当金						
	未払金						
	賞与等引当金						
PL	職員給与費						
	賞与等引当金繰入額						
	退職手当引当金繰入額						
	物件費						
	使用料及び手数料						
NW	税収等						
	国県等補助金						
合計							

[正解]

【合計残高試算表】

勘定科目		前年度末残高		本年度計上額		本年度末残高	
		借方	貸方	借方	貸方	借方	貸方
BS	工作物(インフラ資産)			500		500	
	長期貸付金			50		50	
	現金預金			900	770	130	
	未収金			500	450	50	
	財政調整基金			50		50	
	地方債				300		300
	退職手当引当金				250		250
	未払金			520	520		0
	賞与等引当金				200		200
PL	職員給与費			150		150	
	賞与等引当金繰入額			200		200	
	退職手当引当金繰入額			250		250	
	物件費			20		20	
	使用料及び手数料				50		50
NW	税収等				500		500
	国県等補助金				100		100
合計				3,140	3,140	1,400	1,400

本年度計上額の欄は、借方および貸方の合計を記載していますので、「合計試算表」といいます。

対して本年度末残高の欄は、「残高試算表」といいます。ここまで作成できれば、財務書類の完成も間近です。

3-18 合計残高試算表・現金預金の内訳

問題

3－15～3－17までで作成した資料をもとに、合計残高試算表の「現金預金」の内訳（資金収支計算書）を作成してみましょう。総勘定元帳の内容から作成ができます。なお、単位は全て（百万円）とします。

【合計残高試算表】

勘定科目		前年度末残高		本年度計上額		本年度末残高	
		借方	貸方	借方	貸方	借方	貸方
BS	現金預金			900	770	130	

【合計残高試算表】〈資金収支計算書関係（現金預金の内訳）〉（問題用紙）

勘定科目		前年度末残高		本年度計上額		本年度末残高	
		借方	貸方	借方	貸方	借方	貸方
CF	人件費支出						
	物件費等支出						
	税収等収入						
	使用料及び手数料収入						
	公共施設等整備費支出						
	基金積立金支出						
	貸付金支出						
	国県等補助金収入（投資活動収入）						
	地方債発行収入						
合計							

[正 解]

【合計残高試算表】

	勘定科目	前年度末残高		本年度計上額		本年度末残高	
		借方	貸方	借方	貸方	借方	貸方
BS	現金預金			900	770	130	

【合計残高試算表】〈資金収支計算書関係(現金預金の内訳)〉

	勘定科目	前年度末残高		本年度計上額		本年度末残高	
		借方	貸方	借方	貸方	借方	貸方
CF	人件費支出				150		150
	物件費等支出				20		20
	税収等収入			450		450	
	使用料及び手数料収入			50		50	
	公共施設等整備費支出				500		500
	基金積立金支出				50		50
	貸付金支出				50		50
	国県等補助金収入(投資活動収入)			100		100	
	地方債発行収入			300		300	
合計				900	770	900	770

現金預金の残高は
900−770=130(百万円)

※1つの会計の例示としていますので精算表は省略します。

3-19 財務書類４表

問題

３－15～３－18までで作成した資料をもとに、財務書類４表の作成ができます。４表の相関図は次のとおりです。

また、総務省のマニュアルで要請された財務書類の貸借対照表（様式第１号）、行政コスト計算書（様式第２号）、純資産変動計算書（様式第３号）、資金収支計算書（様式第４号）が完成した内容を確認してみて下さい（本書P146－149）。なお、単位は全て（百万円）とします。

資金収支計算書(CF)

業務活動収支(+)	330
人件費支出(−)	△150
物件費支出(−)	△20
税収等収入(+)	450
使用料及び手数料収入(+)	50
投資活動収支(−)	△500
公共設備等整備費支出(−)	△500
基金積立金支出(−)	△50
貸付金支出(−)	△50
国県等補助金収入(+)	100
財務活動収支(+)	300
地方債発行収入(+)	300
本年度末残高	130

貸借対照表(BS)

借方	貸方
工作物(インフラ資産) 500	地方債 300
長期貸付金 50	退職手当引当金 250
現金預金 130	賞与等引当金 200
未収金 50	(負債合計) 750
財政調整基金 50	固定資産等形成分 600 余剰分(不足分) △570
	(純資産合計) 30
(資産合計) 780	(負債及び純資産合計) 780

行政コスト計算書(PL)

業務費用	620
職員給与費	150
賞与引当金繰入額	200
退職手当引当金繰入額	250
物件費	20
経常収益	50
使用料及び手数料	50
純経常行政コスト	570
臨時損失	0
臨時利益	0
純行政コスト	570

純資産変動計算書(NW)

前年度末残高	0
純行政コスト(△)	△570
財源	600
税収等	500
国県等補助金	100
固定資産の変動	600
有形固定資産の増加 CF投資活動支出のうち、公共施設等整備費支出	500
貸付金・基金等の増加 CF投資活動支出のうち、基金積立金支出+貸付金支出	100
本年度末残高	30

[正解]

【様式第1号】

貸借対照表
（令和×年○月△日現在）

（単位：百万円）

科目	金額	科目	金額
【資産の部】		【負債の部】	
固定資産	550	固定負債	550
有形固定資産	500	地方債	300
事業用資産	－	長期未払金	－
土地	－	退職手当引当金	250
立木竹	－	損失補償等引当金	－
建物	－	その他	－
建物減価償却累計額	－	流動負債	200
工作物	－	1年内償還予定地方債	－
工作物減価償却類計額	－	未払金	－
船舶	－	未払費用	－
船舶減価償却累計額	－	前受金	－
浮標等	－	前受収益	－
浮標等減価償却累計額	－	賞与等引当金	200
航空機	－	預り金	－
航空機減価償却累計額	－	その他	－
その他	－		
その他減価償却累計額	－	負債合計	750
建設仮勘定	－		
インフラ資産	500	【純資産の部】	
土地	－	固定資産等形成分	600
建物	－	余剰分（不足分）	△570
建物減価償却累計額	－		
工作物	500	詳細は純資産変動計算書を参照	
工作物減価償却累計額	－		
その他	－		
その他減価償却累計額	－		
建設仮勘定	－		
物品	－		
物品減価償却累計額	－		
無形固定資産	－		
ソフトウェア	－		
その他	－		
投資その他の資産	50		
投資及び出資金	－		
有価証券	－		
出資金	－		
その他	－		
投資損失引当金	－		
長期延滞債権	－		
長期貸付金	50		
基金	－		
減債基金	－		
その他	－		
その他	－		
徴収不能引当金	－		
流動資産	230		
現金預金	130		
未収金	50		
短期貸付金	－		
基金	－		
財政調整基金	50		
減債基金	－		
棚卸資産	－		
その他	－		
徴収不能引当金	－	純資産合計	30
資産合計	780	負債及び純資産合計	780

【様式第2号】

行政コスト計算書

自　令和○年□月◇日

至　令和×年○月△日

（単位：百万円）

科目	金額
経常費用	620
業務費用	620
人件費	600
職員給与費	150
賞与等引当金繰入額	200
退職手当引当金繰入額	250
その他	–
物件費等	20
物件費	20
維持補修費	–
減価償却費	–
その他	–
その他の業務費用	–
支払利息	–
徴収不能引当金繰入額	–
その他	–
移転費用	–
補助金等	–
社会保障給付	–
他会計への繰出金	–
その他	–
経常収益	50
使用料及び手数料	50
その他	–
純経常行政コスト	570
臨時損失	–
災害復旧事業費	–
資産除売却損	–
投資損失引当金繰入額	–
損失補償等引当金繰入額	–
その他	–
臨時利益	–
資産売却益	–
その他	–
純行政コスト	570

【様式第3号】

純資産変動計算書
自　令和○年□月◇日
至　令和×年○月△日

（単位：百万円）

科目	合計	固定資産等形成分	余剰分（不足分）
前年度末純資産残高			
純行政コスト（△）	△570		△570
財源	600		600
税収等	500		500
国県等補助金	100		100
本年度差額	30		30
固定資産等の変動（内部変動）		600	△600
有形固定資産等の増加	【CF】投資活動支出のうち公共施設等整備費支出	500	△500
有形固定資産等の減少		－	－
貸付金・基金等の増加	【CF】投資活動支出のうち基金積立金支出＋貸付金支出	100	△100
貸付金・基金等の減少		－	－
資産評価差額		－	
無償所管換等		－	
その他	－	－	
本年度純資産変動額	30	600	△570
本年度末純資産残高	30	600	△570

【様式第4号】

資金収支計算書
自　令和○年□月◇日
至　令和×年○月△日

（単位：百万円）

科目	金額
【業務活動収支】	－
業務支出	170
業務費用支出	170
人件費支出	150
物件費等支出	20
支払利息支出	－
その他の支出	－
移転費用支出	－
補助金等支出	－
社会保障給付支出	－
他会計への繰出支出	－
その他の支出	－
業務収入	500
税収等収入	450
国県等補助金収入	－
使用料及び手数料収入	50
その他の収入	－
臨時支出	－
災害復旧事業費支出	－
その他の支出	－
臨時収入	－
業務活動収支	330
【投資活動収支】	
投資活動支出	600
公共施設等整備費支出	500
基金積立金支出	50
投資及び出資金支出	－
貸付金支出	50
その他の支出	－
投資活動収入	100
国県等補助金収入	100
基金取崩収入	－
貸付金元金回収収入	－
資産売却収入	－
その他の収入	－
投資活動収支	△500
【財務活動収支】	
財務活動支出	－
地方債償還支出	－
その他の支出	－
財務活動収入	300
地方債発行収入	300
その他の収入	－
財務活動収支	300
本年度資金収支額	130
前年度末資金残高	－
本年度末資金残高	130

前年度末歳計外現金残高	－
本年度歳計外現金増減額	－
本年度末歳計外現金残高	－
本年度末現金預金残高	130

4章

健全・効果的に財政に活かす！

財務書類分析指標

第１章から第３章までで、地方公会計のルールや財務書類の作成までの必要な知識は得られたと思います。これらの財務書類から得られる情報を用いて、住民に対する説明責任をより適切に果たすとともに、財政の効率化・適正化につなげるためには、まず情報の分析を行う必要があります。

第４章では、分析の考え方や主な分析指標を問題形式で理解を深めてもらうための内容としました。ぜひ、この分析指標を活用して、自分の自治体の経年比較や類似団体との比較に活用してもらえればと思います。

4-1 財務書類を用いた分析の視点

財務書類は作ることが目的ではなく、作った財務書類を活用することが求められています。**活用の方法の１つが財務書類の財務分析**です。いままで把握できなかった発生主義の「収益や費用」・「資産や負債」を把握できるようになりました。財務書類のデータによる指標が、総務省のマニュアルで示されましたのでその内容を理解しましょう。

問題

次の文章は、財務書類を分析する際の視点について解説した文章です。空欄に、下記の語群の中から当てはまる言葉を選んでみましょう。

統一的な基準による地方公会計の情報を用いて、従来の（　ア　）や健全化判断比率など、既存の（　イ　）に加え、地方公共団体が保有する（　ウ　）・負債等に関する新たな（　イ　）を算出することにより（　エ　）を（　オ　）に分析することが可能となります。

（　イ　）については、当該年度の（　カ　）や経年比較により分析することにより、自団体の（　エ　）の特徴や傾向を把握することができます。

語　群

・人口統計　・企業統計　・決算統計　・指標　・人口減少
・資産　・純資産　・財政状況　・人口増減　・多角的
・一面的　・集約的　・民間企業との比較　・類似団体比較

[正解] ア 決算統計　イ 指標　ウ 資産　エ 財政状況
オ 多角的　カ 類似団体比較

[解説]

分析の視点	住民等のニーズ	主な指標
資産の状況	将来世代に残る資産はどのくらいあるか	住民一人当たり資産額 有形固定資産の行政目的別割合 歳入額対資産比率 有形固定資産減価償却率
資産と負債の比率	将来世代と現世代との負担の分担は適切か	純資産比率 将来世代負担比率
負債の状況	財政に持続可能性があるか（どれくらい借金があるか）	住民一人当たり負債額 基礎的財政収支（プライマリーバランス） 債務償還可能年数
行政コストの状況	行政サービスは効率的に提供されているか	住民一人当たり行政コスト 性質別・行政目的別行政コスト
受益者負担の状況	歳入はどのくらい税金等で賄われているか（受益者負担の水準はどうなっているか）	受益者負担の割合

CHECK POINT

指標は、全体の大まかな傾向を把握するには有用ですが、単年度に発生した取引の影響で大きく数値が変動する場合などがあります。複数年度の傾向を踏まえた分析を行うことに留意が必要です。

4-2 住民一人当たり資産額

貸借対照表（BS）を作成することにより、資産の状況が確認できるようになりました。**資産の状況を知ることにより、将来世代に残る資産はどのくらいあるかということ**がわかります。貸借対照表（BS）の資産を金額でみた場合、人口規模などにより異なることと、そもそも金額が大きいことで実感がわきません。そういった意味から住民一人当たりの資産額に置き換えて判断することによりわかりやすい指標になると理解しましょう。

問題を解くにあたり、貸借対照表（BS）の資産の金額は資産合計額として考えてみましょう。また、金額の単位を間違えないようにして下さい。

問題

次の資料を参考にして、A市の住民一人当たり資産額として正しい金額の選択肢を選んでみましょう。なお今回は、資料から判明する事項以外は、考慮しないものとします。

【資料】

A市：貸借対照表より

固定資産	1,250億円
流動資産	50億円
固定負債	400億円
流動負債	50億円
純資産	850億円
住民基本台帳人口	100千人

選択肢

ア　5万円　　イ　13万円　　ウ　85万円
エ　125万円　　オ　130万円

[正解] オ　130万円

[解説]

■算定式

住民一人当たり資産額　＝　資産合計　÷　住民基本台帳人口

資産合計＝固定資産＋流動資産

（1,250億円＋50億円＝1,300億円）÷100千人＝130万円

➡1,300億円÷100,000人＝0.013億円➡130万円

資産額を、住民基本台帳人口で除して、住民一人当たりの資産額とすることにより、住民等にとって、身近に感じる金額となり、わかりやすい情報となります。また、他の自治体との比較が容易になります。

産業構造や人口などが類似する自治体との比較においては、行政サービスに用いることができる資産（施設などの公共施設など）が他と比較して多いのかどうかが判明します。自分の自治体の行政サービスに対して、資産が多いのか少ないのかを把握することで、公共施設などを増やすべき、維持すべき、減らすべき等、今後の管理計画に生かしていくことが大切です。

CHECK POINT

経年比較において、資産の増減の要因や、資産形成の傾向を分析することが重要です。資産額の減少が、資産圧縮に取り組んだ結果である場合と、老朽化により有形固定資産の金額が減少した場合とでは内容が違います。金額を「取得価額等」と「減価償却累計額」とに分けて経年比較することにより、いずれの理由によるものであるかを把握することが大切です。

4-3 有形固定資産の行政目的別割合

貸借対照表（BS）で資産の種類や金額の把握が可能となり、財務分析に必要なデータが揃いました。さらに詳細な分析を進めていくには、例えば教育関係の分析では学校施設の状況はどうなのかなど情報が必要になります。このような**行政目的別の明細が、財務書類の附属明細書として作成されている**ので、このデータを活用していきましょう。

問題

次の文章は、財務書類を分析する中で、「有形固定資産」の「目的別」の割合を算出することの意義についてまとめた文章です。空欄に、下記の語群の中から当てはまる言葉を選びましょう。

地方公共団体の財務書類の体系は、（　ア　）、行政コスト計算書、純資産変動計算書、資金収支計算書およびこれらの財務書類に関連する事項についての（　イ　）とします。有形固定資産については、（　イ　）に（　ウ　）明細を記載します。この（　ウ　）の割合を算出することにより、行政分野ごとの（　エ　）形成の比重把握が可能となります。これを（　オ　）することにより、行政分野ごとに（　エ　）がどのように形成されてきたかを把握することができ、また（　カ　）との比較により、自団体における資産形成の傾向等を把握することができます。

語群

・財産に関する調書　・貸借対照表　・附属明細書
・事項別計算書　・性質別　・行政目的別　・社会資本
・人件費　・経費　・経年比較　・類似団体　・民間企業

[正解] ア　貸借対照表　イ　附属明細書　ウ　行政目的別
エ　社会資本　オ　経年比較　カ　類似団体

[解説] マニュアル（P67）の様式第5号②「有形固定資産の行政目的別明細」の区分は、「生活インフラ・国土保全」「教育」「福祉」「環境衛生」「産業振興」「消防」「総務」となっています。

これらの区分の明細から、事業用資産、インフラ資産、物品の有形固定資産の種類ごとに、行政目的別の割合を算出することで、自治体全体の資産の全体像を理解することができます。

また、分析例として、従前から自治体の財務分析の行政目的別明細にある「生活インフラ・国土保全」の代表的な資産としての「工作物である道路」などの「インフラ資産」や、「教育」の代表的な資産である「学校施設」などを経年比較することにより、どのような進度で資産が形成されているのか、または老朽化が進んでいるのかを読み解くことができます。

類似団体との比較では、例えばA市は他市に比べ「教育」関係の資産整備に重点を置いていることや、「福祉」関係については他市と比べてその割合が低いことなどの状況が確認できます。

CHECK POINT

経年比較して割合が減少している目的別の行政分野の場合は、「取得価額等」と「減価償却累計額」に分けて分析し、投資額が少ないための割合の減少か、施設の老朽化が加速していることによるかを、把握することが必要です。福祉に力を入れている類似団体との比較では、福祉施設の資産形成の状況などを把握して、今後の資産整備の方向を検討するのに役立ちます。

4-4 歳入額対資産比率

歳入額と資産比率を、一般家庭の家計に置き換えてみるとわかりやすいです。歳入額が給与収入で、資産がマンションとすると、年収の何倍までの価額のマンションを購入したかということで考えてみましょう。

問題

次の文章は、財務書類を分析する中で、歳入額対資産比率について、どう活用すべきかをまとめたものです。空欄に、下記の語群の中から当てはまる言葉を選んでみましょう。

当該年度の（　ア　）総額に対する（　イ　）合計の比率を算出することにより、これまでに形成されたストックとしての（　イ　）が（　ア　）の何年分に相当するかを表し、地方公共団体の（　イ　）形成の度合いを測ることができます。

なお、（　ア　）総額とは、地方公会計の推進に関する研究会調査報告書（平成30年度）で検証され、前年度からの繰越収入を含み、（　ウ　）の各（　エ　）〔（　オ　）〕および前年度末（　カ　）残高の合計であるとされました。

語群

・収入　・歳入　・収益　・資産　・財産　・固定資産
・資金収支計算書　・行政コスト計算書　・純資産変動計算書
・経常収益、臨時利益　・税収等、国県等補助金
・業務収入、臨時収入、投資活動収入、財務活動収入
・歳計外現金　・資金　・現金預金　・純資産

[正解] ア　歳入　　イ　資産　　ウ　資金収支計算書　　エ　収入
オ　業務収入、臨時収入、投資活動収入、財務活動収入
カ　資金

[解説] 歳入額対資産比率の算定式は、資産合計額÷歳入総額×100です。

歳入総額は、現金主義会計の決算の一般会計や、決算カード（普通会計）の歳入総額を使用することも考えられます。マニュアルでは明記されていませんでしたが、総務省の「地方公会計の推進に関する研究会調査報告書（平成30年度）」P32では前年度からの繰越収入を含み、資金収支計算書（CF）の各収入（業務収入、臨時収入、投資活動収入、財務活動収入）および前年度資金残高の合計である数字を使用することとなりました。

資産合計額は、貸借対照表（BS）の固定資産と流動資産を合わせた合計額です。この数値による分析をするにあたっては、類似団体比較や経年比較をすることにより、自分の自治体の傾向を把握することが可能となります。

この数値が低い場合は、資産形成の施策がとられていなかった、あるいは財政面で過大な負担にならないような社会資本の整備を進めてきたということです。一方、**この数値が高い場合は、資産形成の施策がとられてきた**ということになり、今後の施設更新などの財政的な負担を考える必要があります。

CHECK POINT

資産総額の増加に比例して歳入総額も上昇しているのか、それとも資産総額と歳入総額ともに減少しているのかなどを、経年比較によって確認する必要があります。

4-5 有形固定資産減価償却率

分析指標の中でも最も重要な指標です。**老朽化比率**ともいいます。地方公会計を導入した目的の１つが「資産の把握」です。把握した資産のうち、土地などの資産は老朽化しませんが、建物などの有形固定資産は使用に伴い、老朽化していきます。その状況を表す指標です。簡単にいえば、建物などの寿命を耐用年数として考え、毎年、年をとっていくというイメージです。

問題

次の資料を参考にして、Ａ市の有形固定資産減価償却率（小数点第二位を四捨五入）として正しい率の選択肢を選びましょう。なお今回は、資料から判明する事項以外は考慮しないものとします。

【資料】
A市：貸借対照表より

土地	400億円
建物	500億円
建物減価償却累計額	△300億円
物品	50億円
物品減価償却累計額	△20億円
流動資産	100億円

選択肢

ア　30.5%　　イ　33.7%　　ウ　60.0%
エ　58.2%　　オ　40.0%

[正解] エ　58.2%

[解説]

■算定式

$$\text{有形固定資産減価償却率} = \frac{\text{減価償却累計額}}{\text{有形固定資産合計}-\text{土地等の非償却資産}+\text{減価償却累計額}} \times 100$$

減価償却累計額　＝　建物300億円＋物品20億円＝320億円

有形固定資産合計　＝　土地400億円＋建物200億円＋物品30億円＝630億円

土地等の非償却資産　＝　土地400億円

$$\frac{320\text{億円}}{630\text{億円}-400\text{億円}+320\text{億円}=550\text{億円}} = \boxed{58.2\%}$$

「有形固定資産」のうち、「償却資産」の取得価額などに対する「減価償却累計額」の割合を算出することで、**耐用年数に対して、資産の取得からどの程度経過しているかを把握すること**ができます。

例えば、資料の建物の取得価額などが500億円の事例で、既に300億円が減価償却しているということは、建物の60%が老朽化しているということになります。

行政目的別や施設累計別に当該比率を算出することにより、資産の償却が進んでいる行政分野や施設について、より詳細に把握することができ、公共施設の老朽化対策の検討に役立ちます。

CHECK POINT

減価償却累計額の算定には、減価償却資産の耐用年数等に関する省令に規定されている耐用年数を原則として用いるため、資産の長寿命化対策を行った場合に、その結果が直接反映されないことも注意する必要があります。

4-6 純資産比率

将来世代と現世代の負担割合、すなわち世代間の公平性はどうなっているのかを確認するためにはどうしたらよいでしょうか。これは**貸借対照表（BS）の資産、負債および純資産の対比によって明らかにする**ことができます。世代間の負担割合は、住民等にとって関心が高いのでしっかり理解しましょう。

問題

次の文章は、財務書類を分析する中で、純資産比率について、どう活用すべきかをまとめたものです。空欄に、下記の語群の中から当てはまる言葉を選んでみましょう。

地方公共団体は、（　ア　）の発行を通じて、（　イ　）と現世代の負担の配分を行います。このため（　ウ　）に対する資産の比率は、保有している（　エ　）がどの世代の負担により行われたのかを示しており、世代間負担の状況を把握することができます。

また、（　ウ　）の変動は、（　イ　）と現世代との間で負担の割合が変動したことを意味します。例えば、（　ウ　）の（　オ　）は、現世代が（　イ　）にとっても利用可能であった資源を消費して便益を享受したことを意味し、逆に、（　ウ　）の（　カ　）は、現世代が自らの負担によって（　イ　）も利用可能な資源を蓄積したことを意味すると捉えることができます。

語　群
・国債　・地方債　・将来世代　・過去世代　・純資産
・現金　・財産　・有形固定資産等　・借金　・増加
・減少

[正 解] ア　地方債　　イ　将来世代　　ウ　純資産
エ　有形固定資産等　　オ　減少　　カ　増加

[解 説] 純資産比率（%）の算定式は、純資産÷資産合計×100です。

例えば、資産である「車」を100万円で購入した場合に、30万円のローンを組んだとします。これは将来の自分が払い(例題では「将来世代」)、残りの70万円は自己資金で払う（例題では「現世代」）ということです。この場合の純資産比率は、70%（70万円÷100万円×100）となります。

世代間の負担のあり方については、将来世代も公共施設を利用するのだから、コストを負担すべきという考えが主流でした。しかし、過去に建設した公共施設等の老朽化が進み、人口や税収の大幅な増加が見込まれないのであれば、将来世代への負担を抑えるべきとの意見もあります。

このようなことを踏まえ、現状の純資産比率が高く、将来世代の負担率が低い場合でも、将来世代の負担が大きくならないように、**世代間の負担のバランスを考慮しながら公共施設の整備を実施**していく必要があります。

CHECK POINT

純資産比率の経年比較によって、世代間負担がどのように推移しているのかを把握するとともに、類似団体の自治体比較により、自分の自治体の世代間負担が、類似の自治体と比べてどのような傾向にあるのかを把握することが必要です。

4-7 社会資本等形成の世代間負担比率（将来世代負担比率）

世代間の負担について、借金である地方債に焦点をあてた指標です。４－６の純資産比率からも現世代と将来世代の負担比率は算定できますが、借金である地方債と資産のうち、社会資本等形成に係る有形・無形固定資産に注目して算出することにより、**健全な財政運営をしているのかの判断になる指標**だと理解しましょう。

問題

次の資料を参考にして、Ａ市の社会資本等形成の世代間負担比率（小数点第二位を四捨五入）として正しい率の選択肢を選びましょう。なお今回は、資料から判明する事項以外は考慮しないものとします。

【資料】
A市：貸借対照表より

有形固定資産	900億円
無形固定資産	10億円
流動資産	30億円
地方債	200億円
１年内償還予定地方債	20億円

附属明細書（地方債の明細）より

臨時財政対策債	50億円

選択肢

ア　18.1%　　イ　18.7%　　ウ　18.9%
エ　22.0%　　オ　29.7%

[正 解] イ　18.7%

[解 説]

■算定式

$$\text{社会資本等形成の世代間負担比率（将来世代負担比率）} = \frac{\text{地方債残高－臨時財政対策債等の特例地方債の残高}}{\text{有形・無形固定資産合計}} \times 100$$

地方債残高　＝　地方債200億円＋1年内償還予定地方債20億円＝220億円

臨時財政対策債等の特例地方債の残高　＝　臨時財政策債50億円

有形・無形固定資産合計　＝　有形固定資産900億円＋無形固定資産10億円＝910億円

$$\frac{220\text{億円}-50\text{億円}=170\text{億円}}{910\text{億円}} = \boxed{18.7\%}$$

有形・無形固定資産の形成に係る将来世代の負担の比重は、有形・無形固定資産における将来の償還などが必要な地方債による形成割合を算出することで、把握することができます。なお、「地方債残高」は、地方債から社会資本などに充当されない「臨時財政対策債」などを除きます。

「臨時財政対策等の特例地方債」などには、「臨時財政特例債」、「減税補てん債」、「退職手当債」などがあり、地方財政収支の収支不足額を補てんするために、特例として発行してきた地方債です。

CHECK POINT

自治体にどのくらいの借金があるのかをみることにより、自治体財政の持続可能性や財政の健全性を判断することができます。これらは住民等の関心も非常に高く、また、議会で議論されることも多く、財政運営における本質的な視点であることに注意しましょう。

4-8 住民一人当たり負債額

いままでの官庁会計でも借金の状況は確認できました。地方公会計により、それに加えて発生主義で求められる退職手当引当金などの負債も確認できるようになりました。４－２の「住民一人当たり資産額」と同様に「住民一人当たり負債額」により判断することが身近な金額となりわかりやすい指標だと理解しましょう。

問題を解くにあたり、貸借対照表（BS）の負債額は負債合計額として考えてみましょう。また、金額の単位を間違えないようにしましょう。

問題

次の資料を参考にして、A市の住民一人当たり負債額として正しい金額の選択肢を選んでみましょう。なお今回は、資料から判明する事項以外は考慮しないものとします。

【資料】
A市：貸借対照表より

固定資産	1,250億円
流動資産	50億円
固定負債	400億円
流動負債	50億円
純資産	850億円

住民基本台帳人口　100千人

選択肢

ア　4万円　　イ　4万5千円　　ウ　5万円
エ　45万円　　オ　450万円

[正解] エ　45万円

[解説]

■算定式

住民一人当たり負債額　＝　負債合計　÷　住民基本台帳人口

負債合計＝固定負債＋流動負債

（400億円＋50億円＝450億円）÷100千人＝45万円

➡450億円÷100,000人＝0.0045億円➡45万円

負債額を住民基本台帳人口で除して導く住民一人当たり負債額は、**住民などに対して、自治体の負債の状況を示すときにわかりやすい**情報となります。

この指標は、「当該自治体の財政に持続性があるのか」という指標でもあります。具体的には、どれくらい借金があるのかということであり、財政運営に関する本質的な視点です。

住民一人当たり負債額が適正かどうかをみるには、同じ規模の自治体と比較する必要があります。この数字が低ければ、借金が少ないことになりますから、財政運営が良好であるといえます。

今後の公共施設の更新費用を考える場合は、住民一人当たりという身近な数値に置き換えて、今後の負担についての合意形成を得る必要があります。

CHECK POINT

自治体の人口が少ないほど、住民一人当たり負債額が大きくなる傾向があることと、負債には将来の職員に対する退職金の支払い見込額が含まれていることにも注意しましょう。

4-9 基礎的財政収支（プライマリーバランス）

基礎的財政収支は、財政の健全度をみる指標の１つでプライマリーバランスとも呼ばれています。国においては、利払いなどに充てる国債費を除く歳出から税収・税外収入を差し引いた額で示します。地方公会計では、資金収支計算書（CF）の業務活動収支と投資活動収支を加えた数値で判断します。ただし、資金収支計算書（CF）の業務活動収支の内訳に支払利息支出があり、投資活動収支の内訳に基金積立金支出と基金取崩収入があることを考慮するということを理解しましょう。

問題

次の資料を参考にして、Ａ市の基礎的財政収支として正しい金額の選択肢を選びましょう。なお、資料から判明する事項以外は考慮しないものとします。

【資料】
A市：資金収支計算書より

業務活動収支	22億円
投資活動収支	△12億円
財務活動収支	△10億円
支払利息支出	4億円
基金積立金支出	15億円
基金取崩収入	14億円

選択肢

ア　7億円　　イ　10億円　　ウ　13億円
エ　14億円　　オ　15億円

[正 解] オ　15億円

[解 説]

■算定式

基礎的財政収支　＝　業務活動収支（支払利息支出を除く）　＋　投資活動収支（基金積立金支出および基金取崩収入を除く）

（22億円＋４億円）＋（－12億円＋15億円－14億円）＝15億円

※業務活動収支のうち支出である支払利息を除くということは、収支がその分プラスになります。同じように、投資活動収支では基金積立金支出はプラス、基金取崩収入はマイナスとなります。

これは、財務活動収支と業務活動収支（支払利息支出を除く＝地方債等の元利償還額を除いた歳出と地方債発行収入を除いた歳入）のバランスを示す指標です。

「投資活動収支」から「基金積立金支出」および「基金取崩収入」を除くのは、基金を積み立てた団体よりも取り崩した団体が、この指標がよくなる（基金を取り崩す＝貯金を使うことなのに資金収支計算上は収入で計上され、逆に、基金を積み立てる＝貯金なのに、資金収支計算上は支出で計上される）ことから、令和元年８月改訂のマニュアルで変更となりました。

「基礎的財政収支」については、建設国債だけでなく赤字国債に依存する国の財政健全化の目標に使われています。自治体においては、「建設公債主義」により、地方債の借入れは原則として公共施設等の建設に限り、返済期限は公共施設等の耐用年数よりも短くすることにより公共施設等の「資産」が借金である地方債の「負債」を上回ることから債務超過にはなりません。しかし、自治体の資産はそもそも道路などは売却や収益を目的ではなくお金がかかることにも留意する必要があります。

CHECK POINT

この指標は、借金に頼らない自治体運営ができているかを判断するものです。赤字の場合は、税収の減少や過剰投資も考えられます。公共施設などの計画的な投資により、一時的に赤字になるならやむを得ませんが、恒常的な赤字であれば、抜本的な改革が必要となります。

4-10 債務償還可能年数

地方公会計の指標としては、**債務の償還に業務活動の収支の黒字分を充てた場合、何年かかるかの指標**があります。個人の家計で例えれば、年収の何倍まで住宅ローンが組めるのかという視点になります。ただし、指標の算定において、問題が発生したため（次頁のCHECK POINT参照）、参考指標として、決算統計等のデータを使うことになったことを理解しましょう。

問題

次の文章は、財務書類を分析する中で、債務償還可能年数について、どう活用すべきかをまとめたものです。空欄に、下記の語群の中から当てはまる言葉を選んでみましょう。

債務償還可能年数は、実質（　ア　）が償還（　イ　）の何年分であるかを示す指標であり、経常的な（　ウ　）の（　エ　）分を（　ア　）の償還に充当した場合に、何年で現在の（　ア　）を償還できるかを表す理論値です。（　ア　）の償還原資を経常的な（　ウ　）からどれだけ確保できる見込みがあるかということは、（　ア　）償還能力を把握するうえで重要な視点の１つです。

債務償還可能年数の算出にあたり、当面は償還（　イ　）を決算統計の経常一般財源等（歳入）と経常経費充当財源等（歳出）の収支として算出することとし、地方公会計の取組においては（　オ　）としていることに十分留意することが必要です。

語群

・債権　・債務　・財源　・投資活動　・財務活動
・業務活動　・赤字　・黒字　・収支計算書から求められる
・参考指標

[正解] ア　債務　イ　財源　ウ　業務活動　エ　黒字
オ　参考指標

[解説]

■算定式

債務償還可能年数 ＝ 将来負担額(1) － 充当可能財源(2) / 経常一般財源等(歳入)等(3) － 経常経費充当財源等(4)

<table>
<tr><td>(1)将来負担額</td><td colspan="2">地方公共団体健全化法上の将来負担比率の算定式による</td></tr>
<tr><td>(2)充当可能財源</td><td colspan="2">地方公共団体健全化法上の将来負担の算定式の「充当可能基金残高＋充当可能特定歳入」とする</td></tr>
<tr><td>(3)経常一般財源等(歳入)等</td><td colspan="2">「①経常一般財源等＋②減収補填債特例分発行額＋③臨時財政対策債発行可能額」とする。なお、①②は地方財政調査様式「歳入の状況　その２収入の状況」、③は地方公共団体健全化法上の実質公債費率の算定式による</td></tr>
<tr><td rowspan="5">(4)経常経費充当財源等</td><td colspan="2">地方財政状況調査様式「性質別経費の状況」の経常経費充当一般財源等から、次の金額を控除した額とする</td></tr>
<tr><td>イ</td><td>債務負担行為に基づく支出のうち公債費に準ずるもの</td></tr>
<tr><td>ロ</td><td>一般会計等から一般会計等以外の特別会計への繰出金のうち、公営企業債の償還の財源に充てたと認められるもの</td></tr>
<tr><td>ハ</td><td>組合・地方開発事業団(組合等)への負担金・補助金のうち、組合等が起こした地方債の償還の財源に充てたと認められるもの</td></tr>
<tr><td>ニ</td><td>元金償還金(経常経費充当一般財源等)</td></tr>
</table>

従前の地方公会計の指標の「債務償還可能年数」とは、地方債を経常的に確保できる業務活動収支（臨時収支分を除く）の黒字額で返済した場合に、何年で返済できるかを表す指標です。

CHECK POINT

国の道路等の整備を負担した場合など、所有外資産の整備費用などは業務支出に区分され、業務活動収支の黒字分が小さく（または赤字に）なり、結果債務償還可能年数が極端に長く（または算出不能に）なりえます。ここから令和元年８月改訂のマニュアルでは財務書類データからではなく決算統計等データを用いる指標に変更しました。

4-11 行政コストの状況

自治体の事務を処理するに当たっては、最少の経費で最大の効果が求められています（地方自治法第２条第14項）。ここでの「経費」とは「コスト」ということです。行政コスト計算書（PL）を作成することにより、発生主義のコストを把握することが可能となりました。このコストを住民一人当たりのコストに置き換えていろいろな切り口から分析をすることが、自治体の業務を実施するうえで、ここでの「効果」だと理解しましょう。

問題

次の文章は、財務書類を分析する中で、行政コストの状況について、どう活用すべきかをまとめたものです。空欄に、下記の語群の中から当てはまる言葉を選んでみましょう。

行政コストの状況は、「行政サービスに係るコストはどのようになっているのか」といった住民等の関心に基づくものです。

（　ア　）は地方公共団体の（　イ　）に係る人件費や物件費等の（　ウ　）を（　エ　）主義に基づきフルコストとして表示するものであり、行財政の効率化に資する状況を一括して提供するものです。

（　ア　）においては（　ク　）や（　ケ　）といった指標を用いることで効率性の度合いを定量的に測定することが可能となります。

語　群

・行政コスト計算書　・貸借対照表　・決算書　・収益活動
・行政活動　・政治活動　・収益　・支出　・費用　・現金
・発生　・「住民一人当たり行政コスト」　・「住民一人当たりの支出の状況」　・「性質別・行政目的別行政コスト」

[正解] ア　行政コスト計算書　　イ　行政活動　　ウ　費用　　エ　発生
ク　「住民一人当たり行政コスト」
ケ　「性質別・行政目的別行政コスト」
※クおよびケは順不同でも可

[解説]

■算定式

住民一人当たり行政コスト

①純行政コスト÷住民基本台帳人口

②純経常行政コスト÷住民基本台帳人口

③性質別・行政目的別コスト÷住民基本台帳人口

効率性を測るために行政コストに着目することは有効ですが、人口規模や面積等により、必要となるコストは異なるため、住民一人当たりのコスト額を算出すると、他自治体との比較や住民一人当たりのコストとしての金額が身近な数字になり、わかりやすい情報となります。またこれを、類似自治体と比較することにより、当該自治体の「効率性」の度合いを分析することができます。

また、コスト発生の要因（経常的に発生するものか、特殊事情により臨時的に発生するものか）を考慮し、経常的なコストに着目することも有用です。

行政コスト計算書（PL）では、性質別（人件費、物件費等）の行政コスト、附属明細書では、行政目的別（生活インフラ、国土保全、福祉、教育等）の行政コストが計上されていますので、これらのさまざまなコストからの分析も有効です。

CHECK POINT

人口規模が大きくなるほどスケールメリットが得られるので、同規模の自治体と比較するのが効果的です。

4-12 受益者負担の状況

行政のサービスは無料または低廉な金額であると思っている方も多いと思います。たしかに道路や公園などのインフラ資産などの利用には使用料を徴収していません。公民館などの利用者に応分の負担を求めるのが受益者負担ということです。

まずは、現状の受益者負担の状況を行政コスト計算書（PL）から分析をしていくことが必要であると理解しましょう。そのうえで、行政サービスの適正な受益者負担を考えましょう。

問題

次の文章は、財務書類を分析する中で、受益者負担の割合について、どう活用すべきかをまとめたものです。空欄に、下記の語群の中から当てはまる言葉を選んでみましょう。

受益者負担の状況は、「(　ア　）はどのくらい（　イ　）等で賄われているか」といった住民の関心に基づくものです。行政コスト計算書の（　ウ　）は、使用料・手数料など行政サービスに係る受益者負担の金額であるため、これを（　エ　）（行政サービスに提供に係る負担）と比較することにより、行政サービスの提供に対する受益者負担の割合を算出することができます。これを（　オ　）比較したり、（　カ　）と比較したりすることにより、当該団体の受益者負担の状況を把握することができます。

語　群

・歳出　・歳入　・地方債　・税収　・経常収益　・経常費用
・臨時利益　・臨時損失　・業務費用　・経年　・将来推計
・民間団体　・類似団体　・先進自治体

[正解] ア　歳入　　イ　税収　　ウ　経常収益　　エ　経常費用
オ　経年　　カ　類似団体

[解説]

■算定式

$$受益者負担比率 = \frac{経常収益}{経常費用} \times 100$$

行政サービスを提供するために、発生したコストを税収等で賄うことができれば問題はありませんが、人口減少などにより税収の減少傾向がみられる中で、いままでと同じ行政サービスを提供していくには、受益者が応分の負担をしていくことも検討しなくてはなりません。

このことから、事業別・施設別の受益者負担の割合を算出することで、各事業・施設の受益者負担の状況を分析し、使用料等の見直しの必要性等の検討に資する情報を把握できます。なお、受益者負担に類似するものであっても、「分担金」や「負担金」として徴収しているものについては「経常収益」に含まれないため、必要に応じて「分担金」や「負担金」を加えた比率で分析することが必要です。

CHECK POINT

ここでの指標は、一般会計などでの受益者負担について述べましたが、病院、ガス、上下水道事業などは、通常の行政サービスと異なり、受益者負担の数値が高くなります。受益者負担の割合を高くする、すなわち使用料や手数料の改定をするには、住民などの理解を得る必要があります。そのための説明責任の意味から考えても、これは重要な指標です。

●著者紹介

宮澤　正泰（みやざわ・まさやす）

1981年東洋大学法学部法律学科を卒業後、千葉県習志野市役所に就職。2018年会計管理者を最後に定年退職。株式会社システムディ公会計ソリューション事業部顧問、宮澤公会計研究所代表、税理士法人諸井会計顧問、地方公共団体の経営・財務マネジメント強化事業アドバイザー（総務省）、政府会計学会（JAGA）会員。地方監査会計技術者（CIPFA Japan）。1級ファイナンシャル・プランニング技能士。宅地建物取引士。
主な著書は『公会計が自治体を変える！　バランスシートで健康チェック』『公会計が自治体を変える！　Part 2 単式簿記から複式簿記へ』『公会計が自治体を変える！　Part 3 財務データの分析は行政改革の突破口』『自治体議員が知っておくべき新地方公会計の基礎知識』（第一法規）、『公共部門のマネジメント』（共著）（同文舘出版）、『自治体の会計担当になったら読む本』『はじめての自治体会計 0 からBOOK』『例規でわかる！　1年目のための公務員六法』（学陽書房）など。
一般社団法人英国勅許公共財務会計協会日本支部（CIPFA Japan）から2016年度 MITSUNO AWARD を地方公会計教育への貢献により受賞。

財務書類の見方・作り方がわかる！
地方公会計ワークブック

2022年 7 月27日　初版発行

著　者　宮澤正泰（みやざわまさやす）
発行者　佐久間重嘉
発行所　学陽書房
〒102-0072　東京都千代田区飯田橋1-9-3
営業部／電話　03-3261-1111　FAX　03-5211-3300
編集部／電話　03-3261-1112
http://www.gakuyo.co.jp/

ブックデザイン／スタジオダンク　DTP 制作・印刷／精文堂印刷
製本／東京美術紙工

ISBN 978-4-313-12121-8 C2033
※乱丁・落丁本は、送料小社負担にてお取り替え致します。